L'art de diriger ?

« **Diplomatie et stratégie** »
Collection dirigée par Emmanuel Caulier

Dernières parutions

Stéphane Charles NATALE, *Business à risque à Bagdad. Le retour des entreprises françaises en Irak*, 2012.
Arnaud MAILHOS, Nicolas MEUNIER, Juliette SIMONIN, *La vague noire en Israël. L'ultra-religiosité menace-t-elle l'Etat hébreux ?*, 2012.
Naim Abdul ASAS, *Analyse de la représentation afghane*, 2012.
Medhi LAZAR, *Délocalisation des campus universitaires et globalisation de l'enseignement supérieur. Le cas du Qatar*, 2012.
Alexandre HENRY, *La privatisation de la sécurité. Logiques d'intrusion des sociétés militaires privées*, 2011.
Fazil ZEYLANOV, *Le conflit du Haut-Karabakh, une paix juste ou une guerre inévitable : une approche historique, géopolitique et juridique*, 2011.
Philippe DEPRÉDURAND, *L'Union européenne et la mer, ou les limbes d'une puissance maritime*, 2011.
Marie-Charlotte BURNET, Sarah Dubreil, Anaïs Mirval, Laura Pajot Moricheau, *La Gestion des fleuves dans la stratégie d'expansion régionale de la Chine*, 2011.
Valériane ÉTÉ, Clémentine LEPAIS et Samantha VACHEZ, *Géopolitique des technologies de l'information et de la communication au Moyen-Orient. Entre compétitivité étatique et stratégie de contrôle*, 2011.
Cristina AGUIAR et Khamliènhe NHOUYVANISVONG (ambas-sadeurs), *Guide pratique de la négociation internationale*, 2010.
D'ABOVILLE (Robert), *Investissements pétroliers chinois en Afrique*, 2010,
MIGNOT (Bruno), *Il était une fois des militaires. Chronique d'une mutation en cours*, 2009.
LODDO (Jean-François), *Le Nouvel Ordre du puzzle des Balkans*, 2009.

Olivier Lajous

L'art de diriger ?

Préface d'Erik Orsenna

© L'Harmattan, 2013
5-7, rue de l'Ecole-Polytechnique, 75005 Paris

http://www.librairieharmattan.com
diffusion.harmattan@wanadoo.fr
harmattan1@wanadoo.fr

ISBN : 978-2-343-00175-3
EAN : 9782343001753

SOMMAIRE

Préface, *d'Erik Orsenna*..................................9

Introduction......................................11

Autorité......................................13

Bonheur......................................27

Commandement......................................37

Courage......................................49

Engagement......................................53

Ethique......................................59

Génération Y......................................73

Innovation sociale......................................77

Jeunesse......................................83

Objection de conscience......................................91

Officier......................................103

Politique RH......................................115

Stratégie......................................129

Tradition......................................153

PREFACE

Erik Orsenna

C'était un jour gris, devant les augustes bâtiments de l'ancienne école navale. Je parrainais l'Ecole des mousses qui venait de renaître. Avant moi, le cher Bernard Giraudeau avait exercé cette responsabilité. Devant nous miroitait l'un des plus beaux endroits du monde, la rade de Brest. Un amiral s'est avancé pour s'adresser aux jeunes. Je ne le connaissais pas. A peine ses premiers mots prononcés, j'ai souhaité qu'il devienne mon ami. Dans ma vie déjà longue, j'ai entendu des centaines de discours, et j'en ai écrits pour d'autres une bonne collection. Mais cet étoilé-là parlait vrai, parlait direct, parlait pour que ça se grave dans les cœurs, parlait pour qu'on s'en souvienne, parlait pour servir et non pour faire le beau ou l'important.

Figurez-vous que cet amiral a parlé du bonheur, oui, vous avez bien lu, un soldat, un très gradé a osé parler du bonheur à ces jeunes que l'existence n'avait jusqu'alors pas épargnés. Avec les mousses, nous avons discuté, après, de ce discours. Ils ne sont pas prêts de l'oublier, eux qui, pour la plupart, ont, par la Marine, reçu une formation qui leur ouvre la porte des emplois. Parler du bonheur à quelqu'un, c'est le respecter, lui montrer qu'on le croit digne des plus beaux avenirs.

Alors, bien sûr, j'ai demandé, je me suis renseigné. Qui était cet amiral assez courageux et assez libre pour évoquer l'importance du bonheur dans une vie ?

Moi qui aime tant les belles histoires, j'ai été conquis.

Il était une fois un matelot.

Quelques années plus tard, le voilà devenu amiral.

Avec entre temps, toutes les aventures possibles au service de la Nation, sur tous les théâtres imaginables et parmi les plus chauds, sur tous les bâtiments du catalogue, du dragueur au porte-avions en passant par l'aviso, l'escorteur, le patrouilleur et la frégate.

La Marine n'étant pas bête, elle a fini par lui confier son trésor, la gestion de l'ensemble de ses « ressources humaines », en d'autres termes, moins techniques, ces dizaines de milliers de femmes et d'hommes qui ont choisi de s'y engager.

Alors vous qui n'avez pas eu la possibilité de prendre la mer, vous qui, pourtant, aimez-vous sentir plus grands que vous n'êtes, vous qui devinez qu'il y a plus de possibles, beaucoup plus de possibles qu'on ne croit dans le quotidien, embarquez-vous dans ce livre qui rassemble les traces d'un parcours magnifique.

Capelez bien votre ciré. Ca va souffler. Une force va vous venir, celle qui redonne de la vigueur aux envies.

INTRODUCTION

Ma vie professionnelle m'a conduit à exercer des postes de responsabilité dans les domaines du management et du commandement, de la communication, de la réflexion stratégique et des ressources humaines.

C'est cette expérience que je souhaite partager dans ce livre en publiant les textes des publications et interventions que j'ai faites à destination d'auditoires très divers, du monde de la fonction publique à celui de l'entreprise, en passant par celui de l'université et des grandes écoles entre 2005 et 2012.

Ce témoignage n'a d'autre prétention que d'apporter le regard d'un marin ayant servi l'Etat sous l'uniforme de la marine nationale pendant 38 ans, marin parmi les marins ayant vécu avec passion un métier où *l'esprit d'équipage* est la clé du bonheur et du courage, de l'engagement et de l'éthique, amers majeurs pour tous ceux qui sont régulièrement confrontés à la diversité de l'humanité.

Au fil des chapitres de ce livre, le lecteur constatera de nombreuses répétitions. Elles sont volontaires et n'ont pour explication que la logique d'une réflexion personnelle longuement mûrie et enrichie années après années au contact des femmes et des hommes avec qui j'ai travaillé et partagé ces idées. Souvent la répétition éclaire la conviction !

AUTORITE

« Exercer l'autorité »
Cercle culturel de l'Oasis,
Centre Sèvres des Facultés jésuites,
Paris, octobre 2010

—

« Deux choses menacent le monde, l'ordre et le désordre. » Paul Valéry

En ce début de vingt et unième siècle, il semble que ce soit plutôt le désordre qui menace nos démocraties européennes. La grave crise d'autorité qu'elles traversent se traduit par des violations de plus en plus fréquentes et violentes des règles de la vie en communauté : parents dépassés, enseignants chahutés voire sauvagement agressés[1], gendarmes, policiers et pompiers brutalement attaqués par des bandes organisées, élus politiques ou syndicaux, patrons, magistrats, religieux, enseignants et journalistes discrédités, etc. Tous ceux qui dans le passé étaient plus ou moins reconnus par une majorité de citoyens comme détenteurs d'une autorité ont désormais perdu leur légitimité.

Sans exagérer ce constat de désordre, et en refusant toute nostalgie de l'ordre ancien, force est de reconnaître que le malaise de nos démocraties européennes est réel et

---

[1] En 2005 en France, on dénombrait neuf agressions quotidiennes de professeurs. Au cours de cette même année, on enregistrait 80 000 incidents dans les établissements du second degré et un millier de plaintes de parents (contre seulement 300 dix ans plus tôt). 15 000 jeunes, soit 20% d'une classe d'âge, sortent chaque année du système scolaire sans diplôme, et 9% des personnes ayant été scolarisées sont proches de l'illettrisme.

profond. Ce malaise se retrouve dans le recours banalisé aux tribunaux pour arbitrer les conflits de la vie quotidienne, voire familiaux, et dans l'expression d'une demande de plus en plus pressante d'autorité. Mais de quelle autorité parle-t-on ?

Le premier risque à éviter est celui de la confusion entre pouvoir et autorité. « *Le pouvoir est lié à la contrainte, à quelque chose qui est de l'ordre du pouvoir sur quelqu'un. L'autorité, elle, engage non pas l'obéissance, mais la reconnaissance. Une autorité qui n'est pas reconnue, n'est pas une autorité.* » Myriam Revault d'Allonnes[2].

Bien plus que théorique, cette distinction entre pouvoir et autorité, obéissance et reconnaissance, est essentielle pour comprendre l'attente de ceux qui demandent un retour de l'autorité. Loin de vouloir faire renaître le pouvoir fort et autoritaire *du père* s'imposant à tous, ils souhaitent le rétablissement de règles qui favorisent la vie collective au sein des cellules de base de la société : familles, écoles, entreprises, associations. Pour la majorité d'entre eux, l'éducation, qui est au cœur de la crise de l'autorité, doit retrouver toute sa place dans les familles et à l'école. A leurs yeux, l'autorité de l'Etat, comme celle des patrons, passe après celle des parents et des enseignants.

Lorsqu'on demande aux français ce qui caractérise le plus l'autorité, les valeurs qui ressortent sont celles du respect et de la responsabilité : *l'autorité c'est savoir respecter l'autre comme se faire respecter de l'autre, et être responsable.* Viennent ensuite la compétence, l'expérience

---

[2] Philosophe, Professeur des Universités à l'Ecole Pratique des Hautes Etudes dans *Le pouvoir des commencements : essai sur l'autorité.* Seuil, 12 janvier 2006.

et l'exemplarité. Ils sont moins d'un tiers à penser que l'autorité repose sur la capacité à se faire craindre.

Face à cette attente d'autorité respectable et responsable, bienveillante et exigeante, les *élites* ne savent plus comment promouvoir l'intérêt collectif. Elles ne sont plus reconnues et, comme l'autorité passe par la reconnaissance, elle ne font plus autorité.

Parallèlement, la passion générale et dominante pour l'égalité et la liberté individuelle alimente la confusion des idées en faisant du relativisme, du cynisme, du scepticisme, de l'incrédulité et de la défiance le socle de la pensée générale. Sans repères collectifs ni projet d'avenir, chacun se replie sur soi et éventuellement quelques proches, et veut que ses désirs soient immédiatement satisfaits. Poussé à l'extrême, cet idéal égalitaire et libertaire conduit au refus de toute relation d'autorité.

La quête de la liberté individuelle s'oppose en effet à toutes représentations collectives et se traduit par une prise de distance à l'égard des institutions. Soumis à la satisfaction immédiate de ses moindres désirs et à l'horizon unique d'une société *qui consomme plus vite qu'elle ne pense*, le citoyen se croit libre et émancipé alors même qu'il est exposé, via les médias et la publicité, à une aliénante *passion consumériste* dont la norme est la jouissance immédiate. Refusant la quête raisonnée et patiente d'un projet collectif, sans rêves d'avenir, il est désemparé. Fasciné par la multiplication de suggestions extérieures fondées sur l'émotivité plus que sur la raison, il se réfugie dans un monde *cellulaire* où l'autorité est diffuse, multiple : celle du clan, de la bande, de la secte, de la cellule familiale ou associative, etc. Au sein de ces cellules, la précarisation généralisée des liens intimes et sociaux favorise le sentiment d'un monde fluctuant, sans véritables limites ni repères d'avenir.

Dans le monde du travail, il y a partout une tendance très forte à l'aplanissement des hiérarchies souvent présentées comme facteurs de ralentissement au changement. Les organisations hiérarchiques cèdent la place à des organisations dites transverses, animées par des *managers* qui n'ont pas d'autorité directe, mais un simple rôle d'entraînement et de cohésion. L'autorité du *manager* repose alors sur sa capacité à faire accepter la priorité à donner au projet collectif. *Super animateur*, il n'est pas le décideur. Les décisions sont reportées plus haut, partagées par un groupe d'actionnaires ou de hauts fonctionnaires isolés des réalités du terrain. Vu des salariés, c'est là, au loin et isolés de leurs préoccupations, que se situent les patrons.

En 1985, 25% des français disaient ne pas avoir confiance en leur patron ; ils sont aujourd'hui 55%. L'image des patrons a été gravement entamée par le comportement de quelques-uns : salaires et stock-options exorbitants, *retraites chapeaux* et indemnisations de départ excessivement généreuses, erreurs stratégiques majeures dans la conduite de l'entreprise, absence de considération pour les salariés, etc. Mais la crainte de la perte d'emploi, plus forte que le doute à l'égard du patron, conduit la plupart des salariés à se soumettre. Pour tenter de lutter contre cette obéissance contrainte, peu favorable à la performance, les entreprises multiplient les techniques dites du *management libéral*.

L'émergence du libéralisme anglo-saxon s'est faite en France sans que personne n'y soit vraiment préparé. Si les pays anglo-saxons ont une culture du changement, de l'immédiateté, ce n'est pas le cas en France où les citoyens sont attachés aux *droits acquis* et au refus de l'incertitude du futur. Pour redonner vie au contrat social entre employés et employeurs, il faut encourager la participation et le dialogue en considérant chacun de manière équitable. Si certains s'investissent plus que d'autres, ils doivent être récompensés de leurs efforts. S'ils ne le sont pas, ils se démobilisent. Cette *éthique managériale* demande un travail permanent de la part des dirigeants, mais implique aussi que les salariés soient engagés comme acteurs du projet commun, et qu'ils acceptent l'autorité de celui qui les dirige. Ce comportement de leur part n'est ni inné, ni acquis définitivement, d'autant que, pour la plupart, ils ne souhaitent pas mélanger vie personnelle et vie professionnelles, et donnent le plus souvent la priorité à la première.

Cette tendance à l'individualisme par défaut de conscience collective est particulièrement sensible chez les décideurs de demain, aujourd'hui jeunes quadragénaires, qui se considèrent comme « *une génération en creux, qui n'a pas su dépasser l'idéal de mai 68 imposé par leurs aînés et créer une nouvelle conscience collective*[3]. » A l'assemblée nationale, 12% des députés seulement ont moins de 45 ans contre 30% en 1981. L'âge moyen des élus syndicaux est passé de 45 ans en 1982 à 59 ans en 2000. L'absence des nouvelles générations dans les instances nationales de représentation alimente le sentiment d'un divorce entre le pouvoir et la jeunesse. La société française est en panne de vision d'avenir.

Or, l'autorité repose aussi sur la capacité à proposer *un avenir collectif :* « *La vraie autorité est celle qui s'exerce*

---

[3] Sources : Numéro spécial du mensuel Enjeux Les Echos – n° 222 mars 2006 et Série d'enquêtes et reportages du journal La Croix – mai 2006.

au nom d'un avenir radieux, mais réaliste. » Philippe Manière[4]. Elle suppose de la part des décideurs d'avoir le courage de ne pas exagérer l'importance des forces du refus, de savoir distinguer les vrais motifs de préoccupation des citoyens, de ne promettre que s'ils sont certains de pouvoir agir concrètement pour répondre à ces préoccupations, et enfin d'agir avec autorité, au bon endroit et au bon moment, en ayant pris le soin d'expliquer le changement ainsi amorcé. Lorsqu'un décideur donne le sentiment qu'il est en mesure de pouvoir changer les choses, les citoyens sont prêts à le soutenir. S'il les déçoit, ils en cherchent un autre. Plus que jamais, l'autorité n'est rien d'autre que la capacité des décideurs à donner un sens au projet, à placer chaque citoyen en situation d'agir plus que de subir, à promouvoir la volonté de transformation de la société, sans nostalgie pour le passé, et sans conservatisme, mais aussi sans démagogie. Un décideur, dès lors qu'il s'est forgé une conviction sur les enjeux à relever et s'est donné les moyens de convaincre la majorité, doit avoir le courage de savoir aller contre l'opinion quand elle fait fausse route.

Dans la sphère des *idéologies*, à la différence des générations précédentes très engagées dans la volonté de faire progresser la société à travers des idéaux collectifs de progrès social et de transcendance morale, les jeunes générations n'ont majoritairement pas cette approche collectiviste et privilégient au contraire les approches individualistes. Elles ne veulent se laisser enfermer dans aucun système de *pensée formatée*. Cependant, *le peuple révolutionnaire* existe toujours. Il se manifeste de façon plus individualisée, se rassemblant à l'occasion pour

---

[4] Philippe Manière, est journaliste. Ancien directeur général de l'Institut Montaigne, il est désormais consultant pour son propre cabinet *FootPrint Consultants*.

soutenir telle ou telle revendication au sein de regroupements ad hoc. Ces regroupements sont souvent éphémères, mais puissants, capables de mobiliser des dizaines, voire des centaines de milliers de gens. Leur légitimité repose sur leur capacité à traduire à un instant donné une inquiétude latente. Cette nouvelle forme de *démocratie d'opinion* décrédibilise les détenteurs du pouvoir établi, partis politiques, syndicats, institutions.

En démocratie il ne peut cependant exister que trois pouvoirs : exécutif, législatif et judiciaire. Il faut lutter contre l'illusion d'un quatrième pouvoir qui reviendrait aux médias *faiseurs d'opinion* et aux *réseaux sociaux* de l'Internet. Les médias constituent un indispensable contre-pouvoir qui doit s'exprimer par l'information. Ni élus, ni confrontés à l'exercice du pouvoir, ce sont des organismes indépendants, soumis aux lois du marché et à la redoutable responsabilité de l'information. Celle-ci doit être libre, sans pour autant s'affranchir de règles de déontologie. Confrontés à l'obligation de reporter de la manière la plus simple possible des sujets souvent très complexes, les médias doivent refléter fidèlement l'hétérogénéité des opinions et des situations. Le risque pour eux est de ne traiter que de ce qui est *racoleur* et susceptible de faire de l'audience. Le niveau d'audience atteint leur assure des recettes conséquentes en négociant leurs revenus publicitaires. Si la vigilance et l'esprit critique doivent être au cœur de leurs préoccupations, ils doivent aussi veiller à l'exactitude et à l'objectivité de l'information diffusée. Leur autorité n'existe pas en soi. Elle repose sur leur déontologie, sur le lien psychosociologique tissé avec leur public qui doit librement pouvoir *se faire une opinion.* Devenue une industrie à part entière, l'information est menacée. Plus que jamais les médias ont une lourde responsabilité démocratique d'esprit de vérité. Ils sont eux aussi menacés de débordement par la diffusion de l'information sur les *réseaux sociaux et les blogs* d'Internet.

Face à ce monde en mutation rapide et en apparence désordonnée, comment donner sa juste place à l'autorité ? Notion mystérieuse qui n'a jamais été clairement définie, l'autorité est toujours reliée au pouvoir. Elle s'en distingue pourtant par le fait qu'elle suppose la reconnaissance plus que l'obéissance. Sa source latine, *auctoritas*, vient de la racine indo-européenne *aug,* la force, qui donne *augere* c'est à dire agir, renforcer, apporter un plus qui augmente l'action et la légitime par la reconnaissance du peuple. Mais il ne faut pas oublier qu'à la source du mot autorité, il y a aussi le mot *augurare*, de prédire. Celui qui fait autorité est aussi celui qui anticipe et créé le changement.

Au fil du temps, l'autorité naît et disparaît, prend des formes multiples, est fabriquée et entretenue par ceux qui l'exercent. Celle de César s'appuie sur son talent oratoire, son sens politique et ses nombreuses victoires célébrées en grande pompe sur *la voie sacrée*. Celle de Louis XIV tient à la majesté de sa personne, à sa capacité à imposer le respect par son implication permanente dans la conduite des affaires de l'Etat et à la promotion d'une *étiquette* qui suscite l'admiration. Celle de Mao s'exerce au contraire par le culte du secret, une apparence feinte de simplicité et de proximité avec le peuple qu'il manipule en développant l'illusion idéologique d'un pouvoir partagé par tous à travers le parti. Celle de Napoléon s'exprime par son génie militaire, sa capacité à administrer l'Etat en lui redonnant sa place après les désordres engendrés par la révolution. *Le code Napoléon* est encore à la source du droit commun de la société française contemporaine. Celle du Mahatma Gandhi s'appuie sur la force de sa volonté et de la grande cohérence entre ses paroles et ses actes en résistance pacifiste. Celle de Martin Luther King par la puissance de ses discours et de sa détermination non violente. Celle du général De Gaulle réside dans son refus de la défaite, et dans son implacable volonté d'incarner un Etat français fort et respecté internationalement à travers la personnalité d'un président élu au suffrage universel dont l'autorité s'exerce sur tous, au-delà des partis politiques. Celle de Nelson Mandela enfin s'appuie sur son courage en captivité, sa détermination contre l'apartheid et sa capacité à réconcilier une fois ce régime tombé.

Ainsi, l'histoire nous enseigne que l'autorité est personnelle, construite par les personnes qui s'y consacrent pleinement avec courage et détermination, dans des situations souvent complexes qui imposent de prendre le risque du changement. Elle est un principe hiérarchique qui place une personne en situation de conduire ce changement. On la regrette quand elle fait défaut, on la craint quand elle est là, tant sa force imaginaire peut contenir de réels périls. L'effroyable expérience du nazisme est là pour nous le rappeler.

Alors l'autorité, c'est quoi exactement ?
- L'autorité c'est l'*exemplarité*. L'exemplarité c'est l'autorité réussie parce que reconnue par les autres qui voient en celui ou celle qui l'exerce l'incarnation d'une valeur universelle : la justice, la liberté, l'honneur, le respect, la solidarité, le courage, etc. Et, tout comme il existe plusieurs formes d'exemplarités, il existe plusieurs formes d'autorités.
- L'autorité c'est l'*opinion*. Ce qui donne autorité à l'opinion, c'est sa pertinence. Cependant, la tyrannie de l'opinion publique, qui trop souvent s'impose, est une menace pour l'autorité. Savoir résister à l'opinion publique quand elle se trompe, c'est faire preuve d'autorité. Savoir l'entendre quand elle a raison, c'est aussi faire preuve d'autorité.

- L'autorité c'est la *parole*. La parole requiert une rhétorique qui peut être celle du silence qui provoque l'attente et la dépendance, ou au contraire celle de l'invective, du verbe haut, lyrique, racoleur, voire démagogue, ce qui provoque la séduction ou l'agacement. La parole est autorité si elle est adaptée et partagée.
- L'autorité c'est la *raison*. « *Il faut exiger de chacun ce que chacun peut donner. L'autorité repose d'abord sur la raison.* » Saint-Exupéry. Entre l'autoritarisme et la démagogie ou le paternalisme, il y a une place pour un exercice raisonnée de l'autorité. La tyrannie de la performance ne doit pas conduire au harcèlement et à la contrainte, mais au contraire être utilisée comme un levier de réalisation individuelle.
- L'autorité c'est la *relation*. Cette relation peut être distante ou familière. La distance, souvent assimilée à la froideur, est considérée par certains comme une condition de l'autorité. La familiarité leur apparaît comme une atteinte à l'autorité car elle crée un sentiment d'égalité entre les personnes. Pourtant, l'autorité peut s'accommoder d'une familiarité sincère, basée sur le respect mutuel. A l'inverse, la familiarité affichée fragilise l'autorité car elle n'apparaît pas naturelle et donne l'impression d'une autorité non maîtrisée.
- L'autorité c'est le *respect*. Ce qui fait que l'autorité est respectée, c'est que ceux qui l'exercent et ceux qui s'y soumettent sont égaux devant les valeurs qu'ensemble ils servent librement. Chacun respecte l'engagement de l'autre.
- L'autorité c'est le *temps*. Les *Anciens* fondent leur autorité en puisant dans le passé, non pour l'imiter, mais pour légitimer leurs actions présentes. Les *Modernes* eux puisent leur autorité dans le futur, au nom du progrès. Ces deux façons de concevoir l'autorité sont aujourd'hui questionnées. Chateaubriand, après la révolution, dénonçait déjà « *un monde sans autorité consacrée, placé*

entre deux impossibilités : l'impossibilité du passé et l'impossibilité de l'avenir. » L'impossibilité du passé comme celle du futur se rejoignent dans un sentiment collectif de doute et d'inquiétude : le retour au passé n'est pas possible ; la projection dans l'avenir effraie. Or, l'autorité s'inscrit dans le temps, celui que nous partageons avec ceux qui nous ont précédés et avec ceux qui nous succèderont. D'où la nécessité de transmettre l'autorité, celle des idées et des rêves qui façonnent un sentiment d'appartenance à une communauté. Le désir d'avenir tout comme le respect du passé sont sources d'autorité.

Aujourd'hui, la question n'est plus de savoir si l'opinion publique adhère ou non au concept d'autorité, mais de savoir si ce mot a encore un sens. Les symboles de l'autorité républicaine qui avaient remplacé ceux de la royauté se sont perdus à leur tour. L'avenir s'est transformé en crédo *écolonomico juridique*, nouvel horizon des sociétés modernes qui n'est partagé par aucun des grands pays du tiers monde, c'est-à-dire par la majorité de l'humanité. Le courant *alter mondialiste*, pour sa part, ambitionne une autorité placée sous le contrôle permanent des citoyens, nostalgie anarchiste du *pouvoir au peuple* qui, on le sait, n'a pas de lendemain. La poussée des tentations xénophobes et protectionnistes constitue aussi un credo. Il se traduit par l'éclatement de la société multiculturelle, des tensions sociales, l'ascension des populismes, le blocage de l'intégration, la radicalisation des opinions, l'explosion du modèle social, le bouleversement des représentations collectives et des institutions. Ces crédos sont d'autant plus attractifs que la lutte entre totalitarisme et démocratie, entre économie libérale et économie administrée, touche à son terme, cédant la place à la mondialisation. Loin d'uniformiser le monde, celle-ci exacerbe les revendications identitaires.

La révolution technologique pour sa part renforce l'autonomie des acteurs économiques et sociaux, et favorise l'individualisme. Ce puissant mouvement sociétal conduit à l'implosion des cadres moraux et institutionnels qui fondaient l'autorité.

Tout aussi préoccupante est la radicalisation des identités et des conflits de valeurs qui fragilise les démocraties. Ce phénomène est accentué par le maintien au pouvoir d'élites technocratiques, trop souvent déconnectées des réalités. Cette situation de décalage entre élites et populations se traduit par des insurrections de plus en plus fréquentes et violentes, le clientélisme politique, le communautarisme, la lutte des cultures, la perte des repères fédérateurs. Il est temps de refonder l'autorité institutionnelle dans nos démocraties en proie au doute sur leurs valeurs, leurs identités, leurs ambitions, doute qui contraste avec le dynamisme des nouvelles super puissances économiques, Chine, Inde, Brésil, etc.

Mais l'autorité ne se restaure pas plus qu'elle ne se décrète. Elle se transmet, se recompose, se redéfinit et se réinvente. Incompatible avec la nostalgie, l'inquiétude, le conservatisme ou la démagogie, elle se fonde sur une volonté de transformation du monde qui doit être conduite et non subie. Cela suppose un rapport novateur et volontaire au passé et à l'avenir. Dans l'équilibre à trouver entre *l'ordre et le désordre*, il y a certainement une place pour l'autorité. Dans nos démocraties, cette place est plus que jamais à réinventer afin de sortir du *cercle de soupçon et de défiance*, mais aussi du cynisme dans lequel sont placés ses représentants. Tout reste à faire !

Pour clore cette réflexion sur l'autorité, je voudrai vous lire un extrait du discours d'adieu aux armes devant les officiers élèves de l'école navale de l'amiral Albert Joire

Noulens, Chef d'état-major de la marine de juillet 1974 à juillet 1976 : Ses 12 commandements !

« 1 - *Votre grade, vos fonctions, vos connaissances vont vous donner autorité sur des hommes. Cette autorité, vous avez non seulement le droit, mais aussi le devoir de l'exercer. Mais n'oubliez jamais qu'en tant qu'hommes, ils vous valent.*
2 - Vous vous trouverez dans des circonstances où il s'agit de punir. Vous devrez le faire mais considérer le fait d'y être conduit comme un échec personnel.
3 - Vous admirez les chefs qui se font aisément obéir et sont estimés de tous. Certains sont familiers et truculents, d'autres d'une froideur distante. N'imitez pas leur comportement : les subordonnés, même les plus humbles, sentent la fausseté d'une attitude factice, et y sont sensibles.
4 - Ne faites pas retomber sur vos subordonnés une mauvaise humeur qu'ils n'ont pas provoquée. Vous avez droit à trois colères par an, dont deux simulées.
5 - Si vous savez déléguer à un personnel que vous avez bien formé, vous savez commander.
6 - Ne donnez jamais un ordre si vous n'avez pas à la fois la volonté et les moyens de le faire.
7 - Ne laissez pas ignorer à un subordonné ce que vous pensez de ses actions : faites des observations ou des compliments, quand il y a lieu.
8 - Toutes les fois que cela est possible, expliquez à vos subordonnés les raisons de vos décisions : connaissant votre mécanisme de pensée ils réagiront, si vous êtes empêché, comme vous l'auriez fait.
9 - L'indiscipline suprême consiste à exécuter un ordre sans avoir, au préalable, exposé à vos chefs, s'il n'y a pas urgence, les faits et les arguments qui, à votre avis, leur ont échappé. Si, après vous avoir entendu, ils

maintiennent leur ordre, vous devez bien entendu l'exécuter sans réticence.

10 - Il y a deux attitudes quant à la confiance à accorder à ses subordonnés : la leur donner à priori, quitte à leur ôter s'ils ne s'en montrent pas dignes, ou bien attendre de les connaître pour la leur accorder. Cette dernière est mauvaise, car la défiance engendre la défiance, et vous ne sortirez pas de ce cercle vicieux.

11 - Quand vous avez laissé un temps raisonnable pour exécuter un ordre, n'acceptez jamais l'excuse : je n'ai pas eu le temps ! C'est une insolence, car cela signifie qu'il a jugé plus intéressant d'employer son temps à d'autres tâches que celles que vous lui aviez ordonnées.

12 - Si vous savez exécuter une tâche vite et bien, faites-la exécuter par un subordonné. Vous perdrez du temps au début, mais vous en gagnerez beaucoup par la suite. »

BONHEUR

« Le bonheur au travail »
Université d'été du Club DéciDRH,
Arras, juin 2011
–

Le bonheur au travail revêt un enjeu de taille pour la marine : en situation opérationnelle, la défaillance d'un marin en tant que *maillon de la chaîne* peut mettre en péril non seulement la mission, mais aussi sa propre vie comme celle de son navire et de son équipage.

La vie en équipage

Vivre en équipage, à bord d'un navire de guerre, pendant de longs jours, loin des siens, 24 heures sur 24 avec des gens qui ne sont ni vos amis, ni votre famille, mais des collègues de travail avec qui il vous faut partager les temps de repas comme de repos, les lieux de travail comme ceux de vie, salles à manger, salles de distraction, chambrées, sanitaires, tous ensembles, hommes, femmes, jeunes et moins jeunes soumis aux mouvements de la mer qui vous donnent la nausée et vous obligent en permanence à vous tenir en équilibre, chaloupant sur vos jambes, vous retenant au moindre support, prisonnier d'un univers dangereux fait de soutes à munitions et de soutes à carburants - *tout un sévézo concentré dans une coque métallique* -, contraints à vous déplacer dans un entrelacs d'échelles verticales, de portes étanches et lourdes à manœuvrer pour passer d'un compartiment à l'autre voire, pour le franchissement d'un pont à l'autre, le passage à travers des panneaux à même le sol munis de ce que nous les marins appelons *un trou d'homme*, tout juste de quoi se faufiler ! Il faut de fait être agile et souple pour franchir rapidement ces panneaux étroits et laisser les autres passer à leur tour ; toutes minutes perdues et c'est potentiellement la mort pour celui qui derrière vous et comme vous, tente d'échapper à l'incendie ou à la montée des eaux dans le compartiment. Et si le panneau est étroit, c'est parce qu'il sera vite fermé et rendu étanche une fois tous les marins évacués du compartiment. Vous avez tous vu ce type de scène au cinéma.

La distance, l'espace et le temps

Oui, l'univers d'un navire de guerre n'est pas banal. Oui, il faut pour *le bonheur de l'équipage* fixer les règles du *vivre ensemble*, donner du sens à l'activité quotidienne, conjuguer les temps – ceux très long de la veille, ceux très stressants du combat – mais aussi l'espace, je veux parler des distances – celles très réduites de la promiscuité avec les autres membres de l'équipage, celles parfois immenses – des milliers de kilomètres – entre vous et vos proches restés à terre. Les distances avec les familles sont aujourd'hui modifiées par les systèmes de communication. Vous pouvez ainsi au milieu de la nuit en mer d'Arabie recevoir sur un téléphone portable si le navire est proche d'une côte, ou par messagerie Internet s'il est en haute mer, une information qui va vous inquiéter d'autant plus que vous la vivez à distance. Ainsi, lorsqu'une femme appelant depuis Brest dit au téléphone à son conjoint embarqué qu'elle n'en peut plus du plombier qui n'arrive pas après six passages à réparer la machine à laver alors qu'il est pour ce marin trois heures et demi du matin et que le navire est dans le détroit d'Ormuz, naviguant à vive allure en escorte d'un porte-avions américain, comment l'inviter à garder la bonne distance par rapport à ce tracas du quotidien et lui rappeler qu'il va lui falloir assurer pendant les quatre heures qui suivent une veille radar attentive avec au bout de son clavier le bouton de tir des missiles qu'il devra actionner sans délai si un aéronef, un missile ou un navire entre dans le volume interdit autour de la force navale. Mieux vaut être serein et ne pas penser au plombier pervers et à la machine qui fuit, bon prétexte pour venir s'intéresser à la madame ! C'est en tous cas le délire dans lequel s'est laissé emporter ce marin, et ce qui m'a conduit à le relever de son quart tant il était stressé par un fait somme toute très trivial mais qui l'avait hélas déstabilisé. Cette situation illustre parfaitement à quel point le *bien-être* d'un marin embarqué passe par la maîtrise des distances, du temps et de l'espace qui le relient aux autres, à bord et au-delà des mers à sa famille. Distance, espace, temps, mais aussi discipline, sens, équilibre sont autant de facteurs qui impactent le bonheur d'un marin à la mer. Il lui faudra des jours durant vivre en équipage au rythme des quarts, tenir son poste au milieu de la nuit comme en plein jour, travailler environ 14 heures par jour et rester en alerte même une fois au repos car à tout moment peut survenir l'alarme, le rappel aux postes de combat ou de sécurité. C'est ce qui explique que la moyenne d'âge d'un équipage dans la marine est de 29 ans. Il faut être jeune et en bonne santé pour vivre à ce rythme et dans cet environnement.

La pyramide du bonheur

Voilà une bonne transition vers la pyramide de Maslow, vous savez ce chercheur américain de l'université des sciences humaines d'Harvard qui présente le bonheur sous la forme d'une pyramide dont la base est constituée de la satisfaction des besoins physiologiques. « *Quand la santé va, tout va* » dit le dicton. Puis, de strate en strate, la pyramide du bonheur de Maslow nous conduit de la santé à la sécurité, de la fierté d'appartenance à l'estime de soi, puis à la réalisation de son être. Le bonheur est bien une pyramide, étrange construction alchimique qui allie le temps, l'espace, le sens, l'équilibre et la discipline, car il n'y a aucun bonheur possible dans l'anarchie, simplement une passion égoïste et méprisante de la vie de l'autre. Respecter l'autre et se respecter soi-même en acceptant les règles du vivre et du travailler ensemble, là est la discipline du bonheur.

La discipline du bonheur

Lorsque je préside les cérémonies d'accueil des nouvelles promotions de marins dans les écoles de la marine[5], je leur parle de la discipline en ces termes : La Discipline repose sur des règles de conduite plus ou moins librement admises et respectées par les membres d'un groupe. Ces règles ont pour objet de favoriser l'action commune en interdisant notamment les comportements non respectueux de l'autre ou ceux qui mettent en danger la sécurité ou l'harmonie du groupe. Ce qui fait que la discipline est le plus souvent acceptée et respectée autrement que par la seule contrainte, c'est que ceux qui la font appliquer et ceux qui s'y soumettent sont égaux devant les valeurs qu'ensemble ils acceptent librement de servir. Pour un marin de l'Etat, la discipline, loin d'être une contrainte subie, doit au contraire être comprise comme la possibilité d'exercer sa liberté. Je vous invite à méditer cette pensée bouddhique extraite d'un recueil *koan zen* : « *Recherchez la liberté et vous deviendrez esclave de vos désirs. Recherchez la discipline et vous trouverez la liberté.* » Le mot liberté peut tout aussi bien être remplacé par celui de bonheur dans ce koan zen !

---

[5] Ils sont 3000 à rejoindre la marine chaque année

L'éthique du bonheur

Je leur dis aussi : Votre vie de marin de l'Etat va vous conduire à vivre en équipage. Au sein d'un équipage il ne peut y avoir *de maillon faible*[6], notion contraire à la culture de la marine qui reconnaît à chaque marin embarqué, quelle que soit sa place à bord, du mousse au commandant, un rôle indispensable au bon fonctionnement du navire. Si un marin faibli, tout sera fait pour l'encourager et lui redonner de la force et du courage, car la survie du navire en dépend. C'est ce qui fonde le principe de solidarité, si fort dans la communauté des marins. Pour agir en sécurité, solidairement et efficacement pendant de longues semaines en mer, un équipage doit acquérir une confiance mutuelle et des compétences complémentaires. La capacité à vivre au sein d'un équipage repose alors sur des qualités humaines et professionnelles dont les socles sont enseignés dans les écoles de formation initiale de la marine et qui sont ensuite entretenus à bord des navires par les marins eux-mêmes. C'est pour chaque marin une affaire d'éthique, c'est à dire d'adoption d'un ensemble de règles de conduite et de valeurs reconnues et admises par tous ceux qui sont soucieux de vivre ensemble de manière responsable et solidaire. Dans la marine nationale, ces règles d'éthique s'incarnent à travers quatre mots gravés sur les pavois des navires : *Honneur, Patrie, Valeur et Discipline.*

Le sens du bonheur

Quand je leur parle de l'honneur je leur dis : pour un marin de l'Etat, l'honneur commande avant tout d'agir solidairement et en toutes circonstances avec

---

[6] Contrairement à l'émission de télé réalité du même nom dans laquelle le maillon faible est sorti du plateau.

détermination et courage au succès de la mission confiée à l'équipage dans lequel il est intégré, en s'en appropriant le sens car, comme l'a écrit le philosophe Nietzsche : « *Celui qui a un pourquoi vivre supporte presque n'importe quel comment vivre.* » L'honneur commande au marin de l'Etat de s'interdire tout comportement indigne tel que la lâcheté, la déloyauté, la brutalité ou la cupidité. La guerre sur mer ne l'autorise pas à cela. Tout au contraire elle l'oblige à se poser sans cesse la question du sens : pourquoi suis-je prêt à tuer et à mourir ? Il n'y a pas de réponse simple à cette question. Mais on ne peut pas être un marin heureux si on n'y a pas répondu, ou tout au moins réfléchi sérieusement.

L'identité du bonheur

Quand je leur parle de la Patrie je leur dis : La Patrie nous pose la délicate question de notre identité. « *Le plus grand secret pour le bonheur est d'être bien avec soi* » nous dit le philosophe Fontenelle. Etre bien avec soi c'est savoir qui l'on est, s'accepter comme tel et se situer dans un groupe en sachant pourquoi on a choisi d'y appartenir, sans faire supporter aux autres le poids de ses doutes et de ses interrogations identitaires. Sans réponse claire à ces questions, sans conscience réfléchie et apaisée de son identité citoyenne et de celle du groupe dans lequel on vit, il est impossible d'être heureux. Un marin de l'Etat qui a choisi de servir sa patrie - la France - doit avoir une idée précise de ce qu'est la France, ce que sont ses institutions, ce que signifient les valeurs fondatrices de la République française inscrites aux frontons des édifices publics - Liberté, Egalité, Fraternité - et d'en connaître la longue maturation philosophique et historique. Tant de gens sont morts, et hélas meurent encore aujourd'hui, parfois chez nos proches voisins, pour la défense de ces valeurs.

La disponibilité du bonheur

Enfin, quand je leur parle de valeur, je leur dis : La Valeur revêt de nombreux sens, comme bien des mots de la riche langue française. Dans le domaine de l'éthique, elle signifie la bravoure, le courage et la force morale d'un individu confronté à une situation donnée, plus ou moins complexe, dangereuse, inattendue ou au contraire habituelle. Mais le courage ne s'applique pas qu'aux situations extrêmes. La patience est une forme supérieure du courage que le marin doit savoir maîtriser quand la mission est longue et harassante. Au pluriel, le mot valeurs désigne les principes d'inspiration morale appelés à orienter l'action des individus d'une société en leur donnant des repères pour juger de leurs actes. Ces principes constituent un ensemble cohérent qu'on appelle système de valeurs. Parmi les principes qui constituent le système de valeurs des marins de l'Etat, et plus généralement des militaires, celui de la disponibilité est particulièrement exigeant. Etre prêt en permanence à partir, sans ou avec très peu de préavis, pour accomplir une mission dont la durée et la dangerosité ne sont pas toujours connues suppose une préparation mentale, intellectuelle et physique de tous les instants. Ne pas savoir combien de temps on sera séparé des siens, vivre la mission sans défaillance, résister au stress du combat, à la vision de la mort, à la peur de l'avarie de combat et du naufrage, travailler en équipage de manière solidaire et maîtriser les technologies les plus modernes sont autant de capacités que le marin de l'Etat doit acquérir et entretenir. L'exigence de cette préparation implique tout autant le marin de l'Etat que ses proches, sa famille, ses amis, qui vivront les absences avec plus ou moins d'inquiétude et de lassitude. Eux aussi devront *être prêts* à accepter des contraintes parfois lourdes et cruelles sur le plan affectif. La solidarité de ses proches est pour le marin tout aussi importante que celle de l'équipage avec lequel il navigue, souvent longtemps, loin des siens. Il devra mériter l'une comme l'autre par son comportement de disponibilité, d'écoute, d'ouverture et de respect à leur égard. C'est ce que vivent quotidiennement plus de 5000 marins sur les océans et mers du monde. Beaucoup ne savent pas quand ils retrouveront leurs familles.

L'incertitude du bonheur

Et puis je termine souvent mon discours de bienvenue dans la marine en leur disant : « *Puissiez-vous avoir assez de bonheur pour vous rendre agréable, assez d'embûches pour vous rendre fort, assez de chagrin pour vous garder humain, assez d'espoir pour vous rendre heureux. Les gens heureux sont ceux qui profitent de tout ce qui vient sur leur chemin, ceux qui acceptent l'incertitude comme source de vie. A force d'avoir peur du futur et de regretter le passé on est toujours hors du temps, privé du bonheur de l'instant qu'il faut savoir vivre pour être heureux. Sachez vaincre la peur de l'instant comme celle du futur, n'ayez pas le regret du passé. Le bonheur survient lorsque le passé et le futur sont une seule et même minute, lorsque l'on sait se donner tout entier à l'instant vécu et à l'autre, celui ou celle avec lequel on partage cet instant, car nul ne sait ce que sera l'instant suivant. L'incertitude est au cœur de notre condition humaine et nous devons la vivre sereinement, en faire une alliée et non une ennemie.* ».

L'alchimie du bonheur

Finalement le bonheur est une bien étonnante alchimie. Tous nous l'espérons, le cherchant parfois loin de là où il est, car après tout, où est-il ? Et bien je crois le savoir aujourd'hui après de nombreuses années d'interrogation : il est d'abord en chacun de nous. Il ne dépend en effet souvent que de nous d'être heureux. Etres d'une humanité par nature métisse, nous sommes tous le résultat d'un mélange *jungien*[7] fait de sensation, de sentiment, d'intuition et de pensée, tout à la fois êtres charnels et intellectuels, mystiques et épicuriens. Quand tout cela en nous s'équilibre harmonieusement, alors sans doute le bonheur n'est-il pas très loin. Cet équilibre en nous dépend de nous. C'est ce que nous dit le philosophe Auguste Chartier, plus connu sous le pseudonyme d'Alain : « *Il y a plus de volonté qu'on ne le croit dans le bonheur.* »

La volonté du bonheur

Au-delà de la volonté de chacun d'entre nous d'être heureux ou pas, il nous faut bien entendu pouvoir vivre dans un environnement favorable au bonheur, au travail comme en famille. Car peut-on vraiment être heureux au travail et malheureux en famille, ou l'inverse ? Tout dans la vie est équilibre et mouvement. Si, comme le dit Jean Anouilh dans *La sauvage* : « *C'est plein de disputes un bonheur* », c'est bien parce que ce n'est pas si simple le bonheur. Au travail comme à la maison, on ne peut ni le décréter ni l'imposer, seulement le favoriser en ayant une éthique de vie et de travail clairement exprimée et partagée. C'est ce que nous essayons de faire dans la marine en déclinant nos quatre valeurs. Pour ma part, j'ai la conviction qu'il n'y a pas de recette miracle pour le bonheur si ce n'est la volonté de chacun d'entre nous d'être heureux et de vouloir le bonheur de l'autre, à égalité du sien. Au travail cela passe par des règles de comportement bien énoncées, une attention continue aux conditions de vie et de travail de chacun, une empathie ni feinte, ni contrainte. Pour cela il faut aller au contact des

---

[7] Du médecin psychiatre et psychologue Carl Gustav Jung (1875-1961) dans *L'homme à la découverte de son âme*.

équipes, ne pas se réfugier derrière des comportements *appris,* être naturel, sincère, attentif, réactif. Oui, le bonheur au travail passe bien par la volonté du manager d'être heureux et de partager son bonheur avec ses collaborateurs, mais aussi et à égalité, par la volonté de ceux-ci d'accepter ce partage. Le bonheur est bien l'affaire de chacun de nous. Ayons la volonté du bonheur !

COMMANDEMENT

« Commander et Manager »
Ecole navale et Ecole Nationale d'Administration, 2005, 2006 et 2007

—

Dans *Le fil de l'épée,* le général De Gaulle écrit : *« Le commandement ne s'apprend pas dans les écoles ; il s'appuie sur une culture et sur une pratique. »* Cette citation peut vous paraître paradoxale, alors même que vous êtes ici pour réfléchir, parmi d'autres choses, à la notion de commandement. Commander c'est conduire l'action, la mettre en perspective dans le temps et l'environnement général, mobiliser des énergies et des compétences pour accomplir la mission. Comment s'y préparer ? Je vous propose de répondre à cette question en analysant dans un premier temps ce qu'est le commandement, puis en vous indiquant quelques-unes des qualités attendues d'un chef et quelques *recettes* de terrain. Au cours de cette réflexion nous parlerons aussi de communication, car elle est un élément clé du commandement comme du management.

Commander ou manager ?

On oppose souvent le commandement, pratique courante chez les militaires, au management, largement décliné dans l'entreprise. En première approche on peut dire que commander pour nous les marins c'est conduire un équipage d'hommes et de femmes au combat, et que manager c'est mobiliser cet équipage, susciter sa performance, le préparer à ses missions. On peut aussi dire que commander c'est rechercher l'efficacité opérationnelle dans l'action, et que manager c'est rechercher l'efficience dans la préparation de l'action. En fait, loin d'être contraires, ces deux notions se complètent et s'enrichissent pour aboutir à *l'esprit d'équipage.*

Commander et manager

Dès lors que l'on retient l'idée que commander comme manager c'est avant tout mobiliser une équipe pour atteindre un objectif, il n'y a pas lieu d'opposer ces deux notions. La frontière qui les sépare réside uniquement dans le poids que l'on donne à un moment ou un autre de l'action au besoin d'économie des moyens, au caractère opérationnel de cette action, temps de l'action soudaine, parfois brutale, souvent fugace, ou à son aspect organique, temps de la préparation, souvent longue, fastidieuse et complexe. On commande dans l'action, on manage dans la préparation de l'action.

Les quatre C

- *La cohérence,* celle qui relie les paroles, les décisions et les actes. *Dire ce que l'on va faire, et faire ce que l'on a dit.* Mais c'est aussi celle des objectifs fixés. Il existe deux grandes écoles du management et du commandement par objectifs : celle de la gestion par le stress qui conduit à fixer des objectifs très ambitieux et non atteignables, et celle de la gestion participative qui conduit à fixer des objectifs atteignables, élaborés en commun en intégrant dans le temps la culture et la compétence de chacun. L'une et l'autre sont pertinentes en fonction du contexte du moment et de la personnalité de l'équipe que l'on dirige.
- *La clarté,* celle du commandant qui trace la route. Les objectifs sont fixés : *qui fait quoi, pourquoi, quand, où et comment.* Le chemin parcouru est régulièrement analysé (retour d'expérience) et celui restant à parcourir fréquemment précisé (programmation et planification.) Être clair, c'est également s'assurer que ce que l'on a

ordonné est compris de tous, en situant l'action quotidienne de chacun dans le contexte global de la mission. C'est aussi être capable d'exprimer la même directive de plusieurs façons, en s'adaptant à son interlocuteur, en utilisant son langage, ses repères.

- *Le courage*, celui d'assumer ses actes, ses décisions et ses choix avec lucidité et honnêteté, sans en faire supporter le poids aux autres. Être courageux c'est traiter les problèmes qui se présentent sans tricher avec les faits qui sont têtus et s'imposent par la force de leur réalité. C'est résister au stress, aux pressions et à la fatigue, c'est en permanence se tenir prêt moralement, physiquement et intellectuellement à accomplir la mission en donnant l'exemple de son engagement et de sa détermination, et en s'interdisant le retranchement derrière des prétextes. C'est mettre en pratique cette phrase de Georges Clemenceau : *« Il faut d'abord savoir ce que l'on veut ; il faut ensuite avoir le courage de le dire ; il faut enfin avoir l'énergie de le faire. »*

- *La considération*, celle du refus du mépris de l'autre, de l'indifférence et de la suffisance. Considérer c'est choisir de comprendre les autres plutôt que de refuser leurs différences, c'est respecter leurs idées et valoriser leur travail. C'est leur ouvrir de véritables espaces de liberté, encourager la prise de responsabilité à tous les niveaux, faire du crédit d'intention plus que du procès d'intention, c'est mettre en pratique cette phrase de Voltaire : *« Je ne partage pas vos idées, mais je me battrai pour que vous puissiez les exprimer. »*

Les quatre clés

- *L'esprit d'équipe* : Pour diriger une équipe, il faut être capable de fixer les règles de l'action collective, de faire connaître ce qui ne doit pas être transgressé, de combattre les craintes de chacun par l'explication et le dialogue. A la fois interprète et gardien des règles, il faut en permanence être à l'écoute de l'équipe pour faire comprendre les objectifs à atteindre, sans démagogie ni autoritarisme, mais avec volonté et sérénité. Au sein d'une équipe, la plupart des individus cherchent à s'épanouir dans une activité professionnelle, à être reconnus, à progresser en termes de responsabilités et de rémunération. Le management par objectifs favorise cette volonté de progression. Il a le plus souvent des effets positifs, mais il peut conduire certains à un surinvestissement qui se traduit par un besoin aigu de reconnaissance générateur de frustrations et de jalousie. On dit que *dans la jalousie il y a souvent plus d'amour propre que d'amour.* La jalousie est une tendance naturelle de l'être humain qui, en l'incitant à se positionner par comparaison à l'autre, se traduit parfois par un sentiment d'injustice. Ce sentiment d'injustice libère des énergies négatives qui peuvent être destructrices pour la cohésion d'un équipage si elles ne sont pas rapidement maîtrisées. Souvent ce sentiment d'injustice provient de rumeurs, de faits non établis, tronqués voire manipulés. Il arrive aussi qu'il soit fondé. Dans les deux cas, il faut réagir très vite en favorisant toujours l'intérêt collectif par rapport à l'intérêt particulier : ce n'est pas l'individu lui-même qu'il faut mettre au centre du projet, mais son travail au sein de l'équipe. L'équipe enfin suppose un sentiment, voire une fierté d'appartenance. Pour créer cette fierté, il faut être capable de faire partager un projet commun, une ambition commune, des valeurs communes, et de mettre en pratique cette phrase de Jules Verne : « *Voilà jusqu'où je sais porter le feu ; maintenant prends le et vas plus loin si tu le peux, car tout ce qu'un homme est capable d'imaginer, d'autres sont capables de le réaliser.* »

- *L'autorité* : Le diplôme, l'uniforme et la position hiérarchique ou sociale ne suffisent pas à conférer le droit d'autorité. Dans les démocraties, l'autorité se fonde d'abord sur un acte de droit. Pour nous marins, celui du décret ou de l'arrêté qui nomme au commandement. Mais cet acte de droit ne suffit pas à garantir l'autorité. De même, la compétence, qui n'est pas une qualité mais un état en permanente évolution, ne suffira pas à assurer l'autorité. Celle-ci est une alchimie complexe, fondée certes sur l'acte de droit désignant à la fonction d'autorité et sur la compétence acquise au moment de cette désignation, mais aussi et surtout sur un ensemble de qualités comportementales. Chacun de nous doit se faire une idée personnelle de ce qu'est l'autorité. De cette idée, mais aussi de la richesse et du naturel de notre personnalité dépendra notre style de commandement. « *La première chose à faire pour développer votre style de commandement, c'est de faire le meilleur usage de ce que vous avez, et ne pas trop vous soucier de ce que vous n'avez pas.* » Amiral James Burnell Nugget, Royal Navy.

- *La maîtrise du sens* : En occident, le changement est souvent vécu comme le résultat d'un affrontement, alors qu'en Asie il passe par la complémentarité des contraires, le jeu des forces et des faiblesses. Face au changement, à l'incertitude, la tendance naturelle de l'être humain est de se réfugier dans l'habitude - *on a toujours fait comme ça et ça marche, pourquoi changer ?* Donner du sens au changement c'est en faire comprendre la nécessité et les enjeux. Donner du sens à l'action c'est en permanence savoir expliquer pourquoi on agit ensemble, pourquoi la mission impose disponibilité, cohésion et discipline, quelles sont les valeurs qui la guident, les raisons de son caractère parfois paradoxal et complexe. La recherche des valeurs peut apporter chez l'homme autant de tension que d'équilibre. Sa condition humaine le conduit naturellement à s'interroger. Le chef doit guider son équipe dans cette réflexion, rassurer par sa force de réflexion, d'esprit et de cœur, par sa capacité à donner du sens aux événements, dans l'adversité comme dans la routine. Il ne suffit pas de

répondre aux attentes immédiates de chacun, même si c'est important, il faut surtout entretenir un souffle porteur de dépassement, le sentiment d'un *métier passion plus que d'un métier confort,* et mettre en pratique cette phrase de Nietzsche : « *Celui qui a un pourquoi vivre supporte presque n'importe quel comment vivre.* »
- *La maîtrise du temps* : Il faut comprendre l'alchimie entre le temps et la violence. Celui qui ne maîtrise pas son temps, ne maîtrise pas sa violence, celle de son impatience, de sa colère et, comme le dit Jean de La Bruyère : « *Ceux qui emploient mal leur temps sont les premiers à s'en plaindre.* » Souvent, sous la pression du temps mal maîtrisé, l'homme s'énerve, devient violent, et chacun sait que *le premier qui s'énerve a perdu !* Une autre approche du temps permet de dire que *faire son métier ne suffit pas.* Cette formule provocatrice a pour but de dénoncer le fait que beaucoup de cadres consacrent l'essentiel de leur temps aux tâches techniques et administratives liées à leur métier. Absorbés par ce travail, ils ne prennent pas le temps de connaître leurs équipes, d'identifier ceux qui pourraient efficacement participer à la performance d'ensemble sous réserve d'être encouragés et guidés dans cette démarche. La motivation de ses équipes doit être la priorité du cadre de proximité. Pour en obtenir le meilleur, il doit en permanence être à leur contact, les encourager dans leur travail, manager et commander *avec ses pieds et son cœur, pas avec son ordinateur,* et se souvenir de cette parole de Marc Twain : « *On ne se débarrasse pas d'une habitude en la flanquant par la fenêtre ; il faut lui faire descendre l'escalier marche par marche.* »

Manager, commander et communiquer

Je vais maintenant vous parler de communication en espérant vous convaincre qu'il ne peut pas y avoir de bon management et de bon commandement sans une bonne communication. La communication est un facteur clé de performance d'un groupe, et il n'y a pas de frontière entre la communication interne et la communication externe. C'est pourquoi il faut veiller à relayer l'ensemble de l'information donnée en externe vers l'interne, si possible avant, et au moins en même temps afin de ne pas entretenir le sentiment que l'information interne est secondaire. Bien conduite, la communication interne participe à la valorisation de l'image de l'entreprise et à la fierté d'appartenance de ses membres.

Aller à la rencontre

Lorsque l'on est en position de responsabilité on peut rapidement être conduit à s'isoler, à dériver dans la paranoïa et la mégalomanie, à interpréter les faits et les gestes de chacun alors qu'il faut s'efforcer de ne s'en tenir qu'à la réalité des situations, sans juger l'autre au point de le diaboliser.
Communiquer, ce n'est pas diffuser un message, imposer un point de vue, c'est tout au contraire *aller à la rencontre de l'autre*, s'enrichir de ses différences, renforcer ou corriger ses convictions personnelles par comparaison aux siennes, sans se renier. C'est relever le défi de l'intelligence, celle de l'esprit et du cœur en refusant le *café du commerce* qui conduit à stigmatiser *l'autre*. C'est choisir de traiter le réel et non l'idée que l'on s'en fait, c'est être capable de sortir des mondes connus pour en découvrir de nouveaux, sans les interpréter avec ses émotions ou ses valeurs avant d'en avoir analysé tous les aspects.

Comprendre l'être humain

Si La pyramide de Maslow permet de comprendre le jeu complexe de la motivation humaine, elle n'en est qu'un outil de compréhension. Alchimie complexe, le moral au travail est composé de nombreux ingrédients : intérêt du travail, conditions de travail, ambiance de travail, rémunération, avancement, reconnaissance, fierté d'appartenance, etc.

Le moral au travail est étroitement lié au moral individuel également composé de nombreux ingrédients : équilibre de la vie familiale et sociale, santé, caractère, etc. Il est aussi étroitement lié à l'environnement dans lequel on vit et on travaille, environnement également composé de nombreux ingrédients : sécurité, niveau de vie, libertés individuelles, accès à l'information, à l'éducation, à la culture, etc.

Si l'on peut créer les conditions d'un bon moral au sein d'un groupe par un exercice intelligent du management, du commandement et de la communication, le moral ne se décrète pas. Il résulte de la volonté de chacun des individus du groupe de faire face à ses doutes, ses inquiétudes, ses problèmes, sans en faire supporter le poids aux autres.

Comprendre les dynamiques sociales

Les dynamiques sociales résultent de l'équilibre des forces qui s'établissent entre la direction qui recherche l'efficacité, et le corps social qui recherche la félicité. Selon que l'une ou l'autre de ces forces s'impose à l'autre, la performance d'ensemble est bonne ou mauvaise.

Le manager doit comprendre ce champ de forces internes et agir en permanence pour le contrôler tout en tenant compte de l'environnement général dans lequel évolue son groupe.

Connaître le corps social

Le manager doit connaître son corps social et le mettre en mouvement au profit de la performance. Rien ne lui servira de vouloir absolument convaincre les 10% de *contre* ; ils n'existent qu'en *contre* et ne peuvent pas changer d'attitude, sauf à se renier. En revanche, il ne lui faudra jamais oublier les 10% de *pour* et régulièrement les soutenir et les encourager. Enfin, parmi les 80% de *ni pour ni contre*, il lui faudra déceler ceux qui sont prêts à être *pour* et les encourager alors à participer activement au projet.

Manager, commander, communiquer, une savante alchimie

Bien plus que l'application de règles apprises à l'école, votre capacité à être un bon manager, commandant et communiquant dépendra de la manière dont vous saurez gérer la savante alchimie du savoir, du savoir être et du savoir-faire, mais aussi du faire savoir qui fait les grands capitaines dans les armées comme dans l'entreprise. C'est ce que j'appelle *les quatre pieds de la chaise du savoir*.

Cultiver son savoir

Pour commander, manager et communiquer il faut puiser dans son savoir les mots qui feront comprendre, donner du sens à l'action au sein de l'équipe par la richesse et la hauteur de sa réflexion, par l'exemplarité de son comportement. Pour atteindre cette capacité, il faut beaucoup travailler sa culture générale, s'enrichir de lectures et de débats, s'intéresser aux arts, aux sciences, aux différents métiers, aux organisations, aux religions, aux cultures et aux coutumes, en tirer des enseignements pour les intégrer dans son style de commandement, de management et de communication. Sans chercher à être pédant, ni risquer de s'isoler dans l'abstraction, il faut naturellement s'appuyer sur cette culture générale pour aller à la rencontre des autres et les guider dans l'action en s'inspirant de cette parole de Vauvenargues : « *Il ne faut point juger les hommes par ce qu'ils ignorent, mais par ce qu'ils savent, et par la manière dont ils le savent.* »

Cultiver son savoir être

Quatre mots clé me paraissent pouvoir résumer le savoir être d'un chef :
- Sa *légitimité* qui le fera reconnaître pour ses capacités à faire comprendre la situation sans langue de bois, par le biais d'un langage accessible et d'un comportement clair, ouvert et naturel inspirant la confiance.
- Son *humilité* qui le conduira à éviter toute tentation de vedettariat et toute attitude hautaine.
- Sa *réactivité* qui le conduira en permanence à savoir s'adapter dès les premiers instants aux évolutions d'une situation.
- Sa *disponibilité* qui le conduira en permanence à rester attentif aux réactions des différents partenaires de la crise, en externe comme en interne, à rester à l'écoute, à comprendre et accompagner les besoins des uns et des autres.

Cultiver son savoir-faire

La meilleure façon de vivre une situation de crise est de s'y préparer en permanence. C'est un état d'esprit qu'il faut insuffler sans relâche par des rencontres fréquentes avec le personnel, par une formation permanente à la gestion de crise, notamment par le biais d'exercices réguliers mettant en œuvre les cellules de crise, par l'entretien continu d'éléments de connaissance sur un vaste ensemble de sujets liés à l'activité de l'organisme auquel on appartient, en liaison avec tout un ensemble de correspondants tant il est évident qu'une crise n'est jamais l'affaire d'un seul. L'échange permanent de la réflexion et de l'information à différents niveaux, et avec différents cercles, est sans conteste une des clés du succès dans la gestion d'une crise. Et quand on a la chance de *naviguer en temps normal*, hors crise, ce qui est assez rare, alors il faut veiller à ne pas laisser la routine s'installer et régulièrement s'assurer que les *processus* sont maîtrisés et performants.

Cultiver son faire savoir

Pour être connu et reconnu, il faut savoir communiquer à bon escient, valoriser son activité, ne pas avoir une fausse humilité ou des complexes, savoir naturellement exprimer ce que l'on croit, ce que l'on fait, pourquoi et comment, combien cela coûte, ce que cela apporte à la communauté. Car, comme le dit un proverbe Bhoutan : « *Un arbre tombé en pleine forêt n'est pas tombé, car personne ne l'a vu tomber, tandis que celui qui est tombé sur la route, lui est bien tombé car tous ceux qui étaient sur la route l'ont vu tomber !* »

Pour conclure cette réflexion sur l'art du management et du commandement, que retenir :
- Opposer le commandement et le management n'a aucun sens. Les deux notions se conjuguent en fonction du temps, celui de la préparation puis celui de l'action.
- Pour bien manager et commander une équipe il faut travailler sans relâche sa cohérence, sa clarté, son courage, sa considération, son esprit d'équipe, son autorité, sa maîtrise du sens et du temps, et comprendre les dynamiques humaines, celles des individus, des équipes

comme celles de l'entreprise, de ses clients, de ses fournisseurs et de ses actionnaires.
- La communication est fondamentale. Elle doit permettre la rencontre avec *l'autre* et favoriser l'intelligence de l'esprit et du cœur.
- La savante alchimie des *quatre pieds de la chaise du savoir* nécessite un travail permanent sur soi, un effort sans relâche d'ouverture d'esprit et de culture générale.

Et j'ajouterai enfin cette réflexion sur la confiance. A la mer, le commandant peut dormir la nuit s'il sait que les équipes de quart qui vont conduire les opérations et manœuvrer le navire sont prêtes et le préviendront sans hésiter s'il le faut. Quoi de plus excitant quand on est jeune officier, âgé d'à peine 20 ans parfois, que de se voir confier la conduite du navire en opération au milieu de la nuit, en plein océan, en sachant que le commandant qui a l'âge d'être votre père dort en toute confiance, et de sentir la confiance des marins, jeunes et moins jeunes qui font partie de votre équipe de quart. La confiance est la clé. Elle repose sur la compétence et l'engagement de chacun dans son rôle au sein de l'équipage.

COURAGE

« Quels métiers, quel courage ? »
Séminaire DéciDRH en présence de M. Luc Ferry,
Hôtel de la marine, Paris, décembre 2010
–

Le courage de l'enseignant, comme celui du militaire, ne me paraît pas fondamentalement différent du courage du paysan ou de l'artisan, du médecin ou du malade, de l'ingénieur ou de l'ouvrier, de l'homme politique ou du syndicaliste, du journaliste ou du religieux, du patron ou de l'employé, du juge ou du policier, du parent ou de l'enfant, etc. Le courage à mon avis n'est en effet pas l'apanage d'un groupe professionnel ou sociétal, il est un rendez-vous proposé à tout être humain, quel que soit son rôle dans la société. Pour illustrer cette idée que je me fais du courage comme étant un rendez-vous fixé à chacun de nous, je citerai Jean Guéhenno qui nous dit : « *Chaque homme doit inventer son chemin de vie et trouver en lui la force de refuser la vraie trahison qui est de suivre le monde comme il va et d'employer son esprit à le justifier.* » Refuser de suivre le monde comme il va, surmonter les modes et les idées reçues, oser prendre le temps de ses interrogations comme celui de ses rêves, en trois mots *oser être soi*. J'emprunte à Marguerite Yourcenar cette deuxième idée que je me fais du courage : « *Tous nous serions transformés si nous avions le courage d'être ce que nous sommes.* »

Plus communément sans doute, le courage est défini comme le trait de caractère d'un individu qui, confronté à une situation plus ou moins complexe, dangereuse, inattendue, surmonte sa peur pour faire face au danger que peut représenter cette situation. Si de fait le courage peut-être lié au danger, il ne s'applique pas à mon avis qu'aux situations dangereuses, mais aussi à celles du quotidien, de la routine : la patience est alors une forme supérieure du courage. C'est à une chanson qui aurait été fredonnée par Sinbad le marin que j'emprunte cette troisième idée que je me fais du courage : « *En mer, la route n'est jamais vide et, même longue, même incertaine, elle ne doit jamais conduire à l'abandon ou à la colère.* » Sinbad nous invite à méditer sur la maîtrise du temps et de la violence, car il y a d'évidence un lien étroit entre la pression du temps et la violence humaine. Maîtriser son temps, donc sa violence, demande du courage : Celui de la patience !

Au-delà de ces repères du courage à titre individuel, comment qualifier le courage d'un décideur ? Ici encore, quand bien même les situations de direction d'une équipe d'hommes et de femmes en vue de l'accomplissement d'une mission semblent très différentes selon les domaines socioprofessionnels considérés, je pense que les données fondamentales du courage d'un décideur sont les mêmes quelles que soient les responsabilités exercées. Tout comme il est invité en tant qu'individu à un rendez-vous avec lui même, un décideur est invité à un rendez-vous avec son équipe, le rendez-vous de l'amour. Dans le *rôle social de l'officier,* Lyautey écrit : « *Les soldats aiment qui les aime* » plutôt que ceux qui, comme ce capitaine de cavalerie, « *indifférent à la troupe et imbus de son grade, connaît mieux les chevaux de son escadron que les hommes qui les montent.* » L'amour est bien ce sentiment courageux qui conduit à accepter de recevoir et de donner, de dialoguer, d'accompagner et de guider un groupe en développant un *savoir vivre ensemble.*

Ce *savoir vivre ensemble,* le décideur doit le promouvoir en ayant l'audace attendue d'un chef, celle de faire comprendre et respecter la discipline. La discipline, terme trop souvent caricaturée et improprement limité au domaine militaire, alors même qu'il désigne un ensemble de règles permettant de promouvoir l'action commune et de garantir la sécurité du groupe, est aussi, on l'oublie souvent, l'obéissance à des règles précises, tant dans le domaine des sciences que dans celui des arts ou du sport. Dans l'exercice de chacune des *disciplines* scientifiques, artistiques ou sportives, l'application de règles est seule garante du bon résultat. Pour illustrer cette idée du courage par l'exercice raisonné de la discipline, je vous invite à méditer cette pensée bouddhique extraite d'un recueil de koan zen : « *Recherchez la liberté et vous deviendrez esclave de vos désirs. Recherchez la discipline et vous trouverez la liberté.* »

Enfin, sa condition humaine conduit naturellement l'être humain à s'interroger. Ce questionnement, source d'inquiétude, voire de peur, doit inciter le décideur à rassurer le groupe par sa force de réflexion, d'esprit et de cœur, par sa capacité à donner du sens aux événements, dans l'adversité comme dans la routine. Il ne suffit pas de répondre aux attentes immédiates de chacun, même si c'est important, mais bien d'entretenir un souffle porteur de dépassement de soi, source *d'un métier effort plus que d'un métier confort*. Nietzsche ne dit rien d'autre en écrivant : « *Celui qui a un pourquoi vivre supporte presque n'importe quel comment vivre.* »

Au terme de ce rapide exposé de mon idée du courage, je dirai pour résumer qu'il est :

Pour un individu :
- Un rendez-vous, celui de son chemin de vie.
- Une audace, celle de sa personnalité.
- Une maîtrise, celle de sa violence.

Et pour un décideur, qui est d'abord un individu :
- Un rendez-vous, celui de l'amour.
- Une audace, celle de la discipline.
- Une maîtrise, celle du sens.

Quel que soit son métier, tout individu, décideur ou non, est invité au courage.

ENGAGEMENT

« Se dégager pour s'engager ? »
Université d'été du MEDEF Côte d'Or,
Dijon, septembre 2012

–

S'engager, c'est être prêt à se donner tout entier à une cause que l'on juge vitale, c'est mettre toute son énergie au service de cette cause, parfois jusqu'à s'oublier soi-même, en utilisant toutes ses forces, mentales comme physiques. La cause pour laquelle on est prêt à ce sacrifice de soi peut être de toute nature, guidée par l'amour comme par la haine, par le désir comme par la peur, par l'appât du pouvoir ou de l'argent, par la volonté de se réaliser au travers d'une croyance politique, philosophique ou religieuse. Il peut y avoir dans l'engagement des formes transcendantes autant qu'aliénantes, nous poussant aux limites extrêmes de notre être. Mais l'engagement peut tout aussi bien être froid, mesuré, contractuel, obéissant à des règles précises du droit, de l'économie, de la guerre, de la politique. Il peut alors être cynique, calculateur, égoïste, prédateur.

A vrai dire, tout est ambivalent dans l'engagement dès lors qu'il n'est pas raisonné, réfléchi, débattu. Acte ultime par lequel on se lance dans l'action, au contact de soi comme des autres, de leurs idées, de leurs croyances, de leurs volontés comme des siennes, il peut à tout instant devenir aliénant et nous faire oublier la réalité qui nous entoure. Il peut nous conduire à notre perte, comme à notre réalisation, avec ou au détriment des autres. L'engagement est d'abord une bataille contre soi. *C'est plein de disputes et de doutes un engagement*[8], et il y faut beaucoup de volonté, de sagesse, de raison et de passion mélangées, bref de courage, pour en faire un acte sublime. Comme tous nos actes réfléchis, l'engagement n'est ni inné ni spontané. Il est le résultat d'un conflit entre notre finitude humaine, si difficile à accepter, et notre volonté de nous réaliser dans laquelle nous nous lançons le plus souvent avec le soutien de proches, parents ou amis, référents de tous ordres, enseignants, scientifiques, religieux, philosophes, artistes, etc.

Vœu, promesse, contrat, alliance, obligation ou dette, quelle qu'en soit la source, notre engagement est toujours le résultat d'une relation à l'autre. Cet autre qui nous pousse à être nous, à exister en contre ou en avec, qui nous pousse à vouloir lui ressembler ou au contraire à nous y opposer. *L'un sans l'autre ?* Comment ne pas être interpellé par cette interrogation du journaliste et écrivain André Fontaine qui en octobre 1991 publiait un ouvrage sous ce titre dans lequel il se demandait comment les peuples allaient imaginer l'après-guerre froide ? Alors que l'affrontement quasi binaire entre le bloc du monde occidental et celui du monde de l'Est avait pendant plus de cinquante ans (épisode microscopique dans l'histoire de notre humanité) dominé les relations entre nations, soudainement l'un, par la symbolique puissante de la chute d'un mur, venait de s'effondrer. Que devait, que pouvait alors faire l'autre ? S'inventer un nouveau un, au Sud à défaut d'Est, et craindre *les nouveaux barbares*[9], ou promouvoir un ordre international rénové basé sur la reconnaissance d'une loi universelle ? Mais comment concilier alors la nécessaire identité de chacun ? Cet

---

[8] Idée empruntée à Jean Anouilh qui dans *La Sauvage* parle du bonheur en disant : « *C'est plein de disputes un bonheur.* »
[9] Idée reprise dans l'ouvrage de Jean-Christophe Ruffin, *L'empire et les nouveaux barbares* publié en 1991.

ouvrage passionnant reste d'une brûlante actualité plus de 20 ans après sa parution. Et comment ne pas être tout aussi interrogatif et ému en visionnant le film de Wolfgang Becker intitulé *Good Bye Lénine* ? Cette femme malade vivant dans le souvenir idéalisé du monde de l'Est est-elle aliénée par son engagement, ou simplement soumise à une pensée unique ?

Nous sommes bien là au cœur de notre sujet. Jusqu'où peut nous pousser l'engagement, et comment s'en dégager pour rester lucides, libres dans nos jugements et nos actes ? L'ouvrage d'André Fontaine, comme le film de Wolfgang Becker, témoignent de notre capacité humaine à nous oublier nous-mêmes au nom d'une idéologie, marxiste ou libérale en l'occurrence, mais tant d'autres exemples récents de passions politiques, philosophiques ou religieuses auraient pu illustrer mon propos. J'ai volontairement choisi celui d'un épisode un peu lointain dans le temps. Par nature l'homme est transgresseur car il s'insurge contre sa finitude et cherche à arracher sa liberté à l'opposition réelle ou supposée de l'autre, cet autre pouvant tout aussi bien être un humain ou tout élément de la nature qui l'entoure[10]. S'il n'est pas responsable de sa condition humaine, l'homme l'est de ses actes, donc de ses engagements. Rien ne l'oblige à s'engager, si ce n'est son libre arbitre. Certes il peut y être contraint par son environnement, faisant alors le choix de se soumettre à la pensée dominante. C'est une forme d'engagement par défaut hélas encore très présente dans certaines régions du monde où sévissent les privations de liberté et la violence des mafias ou des groupes terroristes, voire des décideurs politiques.

---

[10] Idée reprise d'un texte de l'amiral Guy Labouérie prononcé à l'école supérieure de guerre navale en 1991, *La guerre, pourquoi ?*

Pour autant gardons-nous de juger sévèrement ces comportements. Il faut en effet bien du courage pour s'engager, et tout autant pour se désengager afin de ne jamais se laisser dévorer par la force transcendante ou aliénante de l'engagement.

Pour illustrer cette idée de l'engagement et du désengagement synonyme de courage, je reprends en l'adaptant la conclusion de mon intervention sur le thème du *courage du décideur* lors d'un colloque de DRH en décembre 2010. Le courage - disons l'engagement - est pour chacun de nous :
- Une opportunité, celle de l'amour de l'autre.
- Une audace, celle de l'amour de soi.
- Une conviction, celle du refus de la violence.

Jean-Paul Delevoye, ancien ministre de la fonction publique et actuel président du Centre économique social et environnemental (CESE) déclarait il y a peu lors d'une réunion de l'association nationale des DRH : « *Le sable des émotions a remplacé le béton des convictions.* » Il y a là un message fort qui vient en contrepoint des exemples que j'ai donné en rappelant la guerre froide. Si certaines convictions peuvent conduire à des formes d'aliénations par un engagement excessif, ni raisonné, ni réfléchi, l'absence de conviction, elle, pousse au désengagement et au repli sur soi. Tout n'est plus alors que quête d'un bien être personnel et refuge dans un relativisme égoïste et démobilisateur. C'est une tendance du monde contemporain qu'il ne faut pas exagérer à mon avis, mais qui mérite débat. Quels sont les éléments fédérateurs de notre agir ensemble ? Quel équilibre entre le collectif et l'individuel ? Le pacte républicain français fondé sur la liberté, l'égalité et la fraternité est-il vraiment perçu par tous nos concitoyens comme le socle de leur engagement citoyen ? Comment lui redonner sa force mobilisatrice ? Il n'est jamais inutile de parler de ces valeurs pour amener chacun à réfléchir au pourquoi de son engagement au sein d'une communauté.

Dans la marine nationale nous y avons beaucoup travaillé et mis en place début 2010 deux plans fédérateurs : le plan *être marin* qui permet à chaque marin de s'approprier la culture de la vie en équipage, loin et longtemps en mer dans l'univers clos d'un navire, et le plan *être combattant* qui lui apporte des éléments de préparation mentale, physique et éthique à la guerre. Nous leur disons notamment dans le cadre de ces plans que le premier devoir d'un marin est de haïr la guerre de toutes ses forces, et de la haïr d'autant plus qu'il est par son métier appelé à juger de ses effets dévastateurs sur l'homme. Il doit s'y préparer et se mettre en situation de la gagner sans jamais succomber à la violence. Là est son engagement : refuser définitivement la violence et n'agir que dans le cadre du droit des conflits armés, en mettant tout en œuvre pour vaincre, jusqu'à tuer son adversaire si nécessaire, sans jamais lui manquer de considération. Terrible paradoxe de la guerre juste qui ne l'est jamais ! La guerre est hélas le plus grand échec de notre humanité.

Pour conclure cette réflexion, je dirai que se dégager pour mieux s'engager, c'est être capable de s'interroger régulièrement sur notre condition d'être vivant, avoir le courage d'en admettre la loi biologique naturelle qui est que tout être vivant, où qu'il se situe, doit exercer son irritabilité - sa violence biologique - afin de pouvoir se nourrir et se reproduire. Lorsqu'il se place en dessous de ce seuil d'irritabilité, tout être vivant finit par disparaître[11]. Je suis tenté de dire devant votre assemblée de patrons

---

[11] Idée reprise d'un texte e l'amiral Guy Labouérie prononcé à l'école supérieure de guerre navale en 1991, *La guerre, pourquoi ?*

d'entreprises qu'il en est de l'être vivant comme de l'entreprise ! Vient ensuite notre dimension d'être pensant, c'est à dire d'être vivant qui au-delà du seuil d'irritabilité existe à travers sa perception de l'autre avec lequel il échange, entreprend, combat selon le cas. Pour satisfaire ses désirs, surmonter ses angoisses de vie et de mort, de temps qui passe, de rapport à la nature et à l'autre, l'être pensant s'engage, travaille et tente de se libérer du temps et des lois de la nature en développant des techniques toujours plus évoluées. Cette quête de liberté peut le conduire très loin, et c'est là que doit intervenir sa capacité à se dégager pour s'interroger sur le sens de son engagement et de ses actes.

Et, parce qu'au terme d'une réflexion si fondamentale je pense qu'il faut toujours un brin d'humour, mais surtout pour répondre avant que vous ne me la posiez à la question *pourquoi vous êtes-vous engagé comme marin ?* je vous cite l'humoriste Pierre Doris : « *Je me suis engagé dans la marine le jour où mon père m'a appris que j'étais sur terre pour travailler !* »

ETHIQUE

« L'Ethique du Marin d'Etat. »
Centre d'Etudes Diplomatiques et Stratégiques de Madagascar, Antananarivo, octobre 2012
—

La réflexion qui suit s'inscrit dans le prolongement d'un travail qui m'a été demandé par le professeur Antoine Joseph Assaf, docteur ès lettres, écrivain et philosophe de nationalité franco-libanaise, en vue d'un colloque consacré à l'éthique.

Elle s'inscrit également dans le cadre des travaux menés par le groupe de réflexion Mer et valeurs animé par madame Chantal Régnier, professeur d'exégèse biblique au centre Sèvres à Paris, travaux qui ont été présentés lors d'une conférence du cycle 2008-2009 des Mardis de la mer et des Français organisée conjointement par la faculté des lettres de l'Institut Catholique de Paris et l'Institut Français de la mer, sous la direction du professeur Christian Buchet, docteur d'histoire, vice-doyen de la faculté des lettres de l'Institut Catholique de Paris et membre de l'Académie de Marine.

Elle s'appuie enfin sur mon expérience professionnelle et personnelle de 38 années d'exercice du métier de marin d'Etat, dont 16 passées en mer à bord de différents navires de combat de la Marine nationale engagés dans des opérations de maintien ou de rétablissement de la paix dans des zones en crise (Liban en 1983 et 1989, Iran-Irak en 1981, 1986 et 1988, Libye-Tchad en 1985, Yémen-Erythrée en 1986 et 1995, Afghanistan en 2002).

Je souhaite commencer cette réflexion en abordant deux caractéristiques fondamentales de notre humanité confrontée au mystère de la vie : le mouvement et le questionnement.

Le mouvement

Parlant du mouvement, le jésuite Pierre Teilhard de Chardin dit : *« C'est une chose terrible d'être né, c'est à dire de se trouver irrévocablement emporté, sans l'avoir voulu, dans un torrent d'énergie formidable qui paraît vouloir détruire tout ce qu'il entraîne en lui. »*

De son côté, le vice-amiral d'escadre Guy Labouérie dit : *« Ce qui est le plus difficile aujourd'hui est non seulement d'accepter mais de dominer le mouvement permanent qui nous emporte souvent à contrecœur, contre nos habitudes, certitudes et, suivant les pays, à l'encontre des conforts de situations acquises depuis plus ou moins longtemps. »*

Le mouvement est une des manifestations fondamentales de la vie et de la condition humaine. Au cours des millénaires, l'homme n'a jamais cessé d'inventer des outils et des machines lui permettant de développer ses capacités naturelles. Il a ainsi peu à peu modifié la situation de son espèce dans l'univers en découvrant quelques-unes des lois fondamentales du mouvement universel, mouvement perpétuel dont les lois physiques s'impose à lui et dont il n'a pris réellement conscience que progressivement, grâce notamment aux travaux d'Archimède, Galilée, Copernic, Léonard de Vinci, Kepler, Newton et Einstein[12].

---

[12] Lire *Les Somnambules* d'Arthur Koestler.

C'est ainsi qu'il a compris que, par le jeu de l'attraction lunaire et solaire, des marées, des courants et du vent, la mer est en perpétuel mouvement, parfois clémente, parfois méchante, toujours puissante. Elément naturel, elle s'impose au marin qui doit apprendre à y survivre car il ne peut la dominer.

Le mouvement, source de la vie, impose à l'homme de s'adapter en permanence aux situations changeantes qu'il rencontre sur la route de son existence. Être en mouvement le conduit inéluctablement à exercer des choix, puis à agir en fonction de ces choix. En cela, le mouvement de la vie, comme celui de la mer, l'invite à un questionnement éthique. Celle-ci imprègne de façon subreptice le comportement humain, sans même que l'homme en ait toujours conscience. Présente de manière sous-jacente dans les situations de choix qui s'offrent à lui, l'éthique ne s'impose jamais à lui comme une évidence et s'exprime le plus souvent par le doute : « *La pensée ne commence qu'avec le doute*[13]. »

Le questionnement

A l'inverse de la physique, de la chimie, de la biologie ou de la géographie, l'éthique n'est pas une science. Elle est un questionnement moral, à la fois individuel - *qu'est-ce que je choisis de faire et de ne pas faire face à cette situation ?* - et collectif - *comment prendre en compte l'autre dans mes choix ?* - l'autre étant compris comme une personne ou un groupe de personnes, mais aussi comme le temps, les éléments naturels et plus généralement tous les paramètres physiques, psychologiques, économiques, sociologiques, culturels,

---

[13] Roger Martin du Gard.

cultuels etc. présents dans la situation face à laquelle il faut se déterminer.

« Il faut agir en homme de pensées et penser en homme d'action[14]. »
Du questionnement individuel découle *l'éthique de conviction*, celle qui conduit à agir en harmonie avec ses croyances, ses convictions, ses valeurs personnelles, qu'elles soient religieuses, morales, philosophiques, culturelles ou politiques. Mais ce choix a nécessairement des conséquences sur l'autre et ne peut s'affranchir des réalités de la situation dans laquelle on agit, ni des implications qu'il aura dans le temps.

Alors intervient *l'éthique de responsabilité*, celle qui conduit à dépasser ses convictions personnelles pour comprendre celles plus générales de *la société* dans laquelle on agit et qui doit elle aussi se déterminer et proposer des règles communes qui privilégieront l'intérêt collectif sur les intérêts particuliers, *l'intérêt collectif n'étant jamais la somme exacte des intérêts particuliers.*

Confronté au questionnement éthique, l'homme doit avant tout admettre que l'incertitude est la première règle naturelle de son existence, et la considérer comme une alliée qui lui permet de progresser.

Parlons maintenant de *l'éthique en mer.*

La mer

Dans l'univers si particulier d'un navire à la mer, l'éthique est omniprésente. Face à l'élément naturel qu'est la mer, le marin est constamment invité à un questionnement. Quelle

---

[14] Henri Bergson.

route, quelle vitesse et quelles mesures de sécurité pour le navire faut-il adopter compte-tenu de l'état de la mer ?

Lorsque la mer est clémente, il sait qu'il peut en profiter pour *aller vite*, gagner sur le PIM[15] et jouir de l'air marin en circulant sur les ponts du navire. Une fois dans la tempête, il devra ajuster la route, la vitesse et la situation d'étanchéité du navire pour ne pas risquer la fortune de mer, parfois fatale. Il lui faudra alors vivre reclus dans un navire soumis au mouvement puissant de la mer, aux chocs brutal des vagues sur la coque et les superstructures, au souffle étourdissant du vent, et résister au mal de mer et à la peur du naufrage, survivant dans la tourmente avec son navire dont il partage la souffrance : « *Est-ce qu'il survivra ?* » s'interroge anxieusement le capitaine Mac Whirr sur la passerelle du Nan-Shan : « *Si le gouvernail ne cédait pas, si les immenses volumes d'eau ne crevaient pas le pont et ne brisaient pas l'un des panneaux d'écoutille, si les machines ne s'arrêtaient pas, si l'on réussissait à faire tenir la route au navire malgré ce vent terrible, s'il ne s'enfonçait pas dans une de ces atroces vagues dont on pouvait de temps à temps avoir une vision affolante des seules crêtes blanches loin au-dessus de la proue, alors il avait une chance peut-être de s'en sortir*[16]. »

Ainsi, s'adapter au temps, qu'il soit météorologique ou chronométrique, est un choix d'éthique. Ce choix suppose de l'humilité face à la puissance de la nature, de la volonté face à l'adversité de la nature, et de l'intelligence face à la diversité de la nature. La combinaison de ces trois attitudes - *humilité, volonté et intelligence* - face à trois caractéristiques de la nature - *puissance, adversité,*

---

[15] Previous Intention Movement, assimilable à un plan de route ou de vol.
[16] Joseph Conrad, *Typhon*.

diversité - permet au marin d'adapter en permanence son comportement aux aléas de la route, *gardant le cap contre vents et marée*. Ici encore l'éthique ne s'impose pas du seul fait de la violence des éléments naturels. Confronté à la violence de la nature, il lui faut choisir entre les impératifs de la mission à accomplir, la sécurité du navire et donc de l'équipage. C'est par ce dilemme qui le conduira au doute, au questionnement, que de manière sous-jacente l'éthique imprégnera sa conduite.

L'équipage

Au cœur de cette démarche éthique, le marin n'est seul que lorsqu'il choisit de naviguer en solitaire. La plupart du temps, les marins naviguent *en équipage*. Au sein de cet équipage il ne peut y avoir *de maillon faible,* notion contraire à la culture du marin qui reconnaît à chaque marin embarqué, quelle que soit sa place à bord, mousse, capitaine, cuistot, bosco, mécanicien etc., un rôle indispensable au bon fonctionnement du navire. Pour agir en sécurité et efficacement, ce groupe d'hommes et de femmes qui affrontent ensemble la mer dont la puissance les dépasse doit avoir développé une confiance mutuelle et des compétences complémentaires. L'insertion dans l'équipage repose alors sur des qualités humaines - respect de soi et des autres, adhésion aux valeurs d'engagement, de courage, de solidarité, de communication, de dialogue, de partage et d'attention aux autres - et professionnelles - maîtrise de techniques professionnelles exigeantes dans l'environnement technique complexe et potentiellement dangereux d'un navire.

Développer ces qualités humaines et professionnelles est pour chaque marin de l'équipage affaire d'éthique, mot qui vient du grec *ethos* et se rapporte aux mœurs, à la morale, c'est à dire à l'ensemble des règles de conduite, des rites, des coutumes et des valeurs reconnues et admises par un groupe d'hommes et de femmes soucieux de vivre ensemble. Dans la marine nationale, ces règles de conduite, rites, coutumes et valeurs s'incarnent pour les équipages à travers quatre mots gravés sur les pavois des navires : *Honneur, Patrie, Valeur et Discipline*, quatre mots qui fondent l'éthique des marins d'Etat.

L'Honneur

« *L'honneur, c'est la poésie du devoir[17]* », c'est à titre individuel le sentiment qui nous fait penser que l'on mérite l'estime des autres pour ce que l'on a accompli au nom du devoir et qui permet de *se regarder sans honte dans les yeux des autres*. C'est aussi, à titre individuel et collectif, ce qui nous pousse à agir au sein d'une communauté pour respecter et faire respecter les valeurs de cette communauté, valeurs auxquelles on croie et qui, au-delà des doutes et des peurs, portent à être engagé, déterminé et courageux *parce que ce que l'on défend en vaut la peine.*

Dans une communauté d'hommes et de femmes, l'honneur c'est encore ce qui *distingue* du reste du groupe celui qui est titulaire d'une fonction de responsabilité et l'*engage* à leur encontre. *Les autres* lui témoigneront leur estime et leur reconnaissance en lui accordant *les honneurs* dus à son engagement au service de la communauté.

L'honneur peut conduire dans les cas extrêmes, ceux dans lesquels la vie et la mort sont en question, à l'acceptation du *sacrifice de soi.* Notion exigeante, l'honneur est affaire d'éthique car il ne se décrète ni ne s'improvise, il se vit avec passion et raison, subtil dosage de foi et de doute, de questionnement individuel et collectif, de réflexions et d'actions. Il peut conduire à l'affrontement brutal et sans retenue, ou tout au contraire inspirer le respect et

---

[17] Alfred de Vigny, *Journal d'un poète.*

participer alors à la rencontre des autres, dans l'estime et la reconnaissance de chacun, dès lors que les motivations des uns et des autres ont pour objectif un bien commun à l'humanité tel que la liberté, l'égalité des droits et des devoirs, la solidarité, la protection de la dignité humaine etc.

Pour un marin d'Etat, l'honneur commande avant tout d'agir solidairement en toutes circonstances avec détermination et courage au succès de la mission confiée à l'équipage dans lequel il est intégré, en s'en appropriant le sens et en s'interdisant tout comportement indigne tel que la lâcheté, la déloyauté, la brutalité, la cupidité etc.

La Patrie

« *Le patriotisme véritable ne peut se trouver que dans les pays où les citoyens libres, et gouvernés par des lois équitables, se trouvent heureux, sont biens unis, cherchent à mériter l'estime et l'affection de leurs concitoyens*[18]. »

La notion de patrie est liée à celle de nation, c'est à dire à une communauté humaine qui, établie sur un territoire, accepte et partage librement des mœurs, des rites, des coutumes, un langage et des valeurs, et choisit de se reconnaître à travers une autorité souveraine - l'Etat -, des textes - une constitution, des lois - et des symboles - un pavillon, un hymne national.

Si les idéologies patriotiques du passé se sont pour la plupart révélées aliénantes, voire barbares, les tentations individualistes ou universalistes sont tout aussi inquiétantes. En effet, comment ne pas dénoncer le fait qu'elles s'appuient sur des mots qui, par la puissance de leurs injonctions - raciste, colonialiste, impérialiste, etc. - soulèvent des passions génératrices de violence et de rejet

---

[18] D'Holbach.

de l'autre. Les aliénations individualistes ou universalistes sont tout aussi dangereuses que celle du nationalisme !

Parce que le patriotisme peut conduire à la violence identitaire, parce qu'il invite à se poser les questions de l'appartenance à un groupe et de l'adhésion aux valeurs de ce groupe, il est un sujet d'éthique. La spécificité d'un groupe, d'une nation etc. n'est pas supériorité, elle est identité. Et comme *l'un n'existe pas sans l'autre*[19], l'identité est tout à la fois source d'attraction comme de répulsion. Au-delà, l'appartenance à un groupe pose la question délicate de son identité : « *Le plus grand secret pour le bonheur est d'être bien avec soi*[20]. » Etre bien avec soi c'est savoir qui l'on est, s'accepter comme tel et se situer dans un groupe en sachant pourquoi on a choisi d'y appartenir, sans faire supporter aux autres le poids de ses doutes et de ses interrogations identitaires. Sans réponse claire à cette question, sans conscience réfléchie et apaisée de son identité et de celle du groupe dans lequel on vit, il est impossible d'agir de manière éthique[21].

Pour un marin d'Etat, savoir pourquoi il sert dans la marine nationale est bien une question d'éthique. Ayant choisi de servir sa patrie - la France - en qualité de marin, il doit avoir une idée précise de ce qu'est la France, ce que sont ses institutions, ce que signifient les valeurs fondatrices de la République française inscrites aux frontons des édifices publics - *Liberté, Egalité, Fraternité* - et d'en connaître la longue maturation philosophique et historique. Il doit aujourd'hui y ajouter la vision européenne de son identité.

---

[19] Lire l'ouvrage d'André Fontaine *L'un sans l'autre* écrit après la chute de l'empire soviétique.
[20] Fontenelle.
[21] Cela renvoie aux nombreuses interrogations du moment sur les notions de patriotisme et de communautarisme, d'identité nationale, etc.

La Valeur

Le mot valeur revêt de nombreux sens, comme bien des mots de la riche langue française ! Dans le domaine de l'éthique, elle signifie la bravoure, le courage et la force morale d'un individu confronté à une situation donnée, plus ou moins complexe, dangereuse, inattendue ou au contraire habituelle, car le courage ne s'applique pas qu'aux situations extrêmes. Le mot valeurs au pluriel désigne les principes d'inspiration morale appelés à orienter l'action des individus d'une société en leur fixant des idéaux, autrement dit en leur donnant des repères pour juger de leurs actes. Ces principes constituent un ensemble cohérent qu'on appelle système de valeurs.

Parmi les principes qui constituent le système de valeurs des marins d'Etat et plus généralement des militaires, courage, abnégation, solidarité, discipline[22], celui de la disponibilité est particulièrement exigeant. Etre prêt en permanence à partir, sans ou avec très peu de préavis, pour accomplir une mission dont la durée et la dangerosité ne sont pas toujours connues, suppose une préparation psychique, intellectuelle et physique de tous les instants. Ne pas savoir combien de temps on sera séparé des siens, vivre la mission sans défaillance, inscrire avec détermination son action dans le strict respect du droit international et de la maîtrise de la violence quelles que soient les provocations de l'adversaire, résister au stress du combat, à la vision de la mort, à la peur de l'avarie de combat et du naufrage, travailler en équipage de manière solidaire, maîtriser les technologies les plus modernes sont autant de capacités que le marin d'Etat doit acquérir et entretenir.

---

[22] *Analyse du système des valeurs militaires et des caractères conservateurs des armées*, mémoire de DEA en sciences politiques de Frédéric Coste, IEP de l'université de Lille II, 2001/2002.

L'exigence de cette préparation est permanente et relève de l'éthique de conviction de chaque marin. Au-delà, elle implique aussi ses proches, sa famille, ses amis, qui vivront ses absences avec plus ou moins d'inquiétude et de lassitude. Eux aussi devront *être prêts* à en accepter les contraintes, parfois lourdes et cruelles sur le plan affectif. La solidarité de ses proches est pour le marin tout aussi importante que celle de l'équipage avec lequel il navigue souvent longtemps loin des siens. Il devra mériter l'une comme l'autre par son comportement de disponibilité, d'écoute, d'ouverture et de respect à leur égard.

La Discipline

« *Il n'y a rien de pire que l'anarchie, c'est à dire de vivre sans gouvernement et sans lois*[23]. » Le mot discipline, qui revêt lui aussi de nombreux sens, renvoie principalement à deux grandes notions : celle d'un *ensemble de règles à suivre* et celle d'une *branche de connaissance ou d'activité.*

Dans sa première acception, celle d'un ensemble de règles à suivre, la discipline s'appuie sur des règles de conduite plus ou moins librement admises par les membres d'un groupe. Ces règles ont pour objet de favoriser l'action commune en interdisant notamment les comportements non respectueux de l'autre, ou ceux qui mettent en danger la sécurité ou l'harmonie du groupe. L'obéissance à ces règles peut être contrainte ou de raison. Ce qui fait que la discipline est le plus souvent acceptée et respectée autrement que par la seule contrainte, c'est que ceux qui la font appliquer et ceux qui s'y soumettent sont égaux devant les valeurs qu'ensemble ils acceptent librement de servir.

---

[23] Bossuet.

L'obéissance conduit les membres d'un groupe à adopter plus ou moins consciemment un comportement *normé* qui leur est dicté par un individu perçu comme une source d'autorité car incarnant les valeurs du groupe. Ainsi, la discipline passe par la reconnaissance plus ou moins consciente de la *supériorité morale* des règles du groupe, mais aussi des personnes qui les font appliquer. Pour les dépositaires de l'autorité, il y a là un défi éthique permanent, car l'autorité elle aussi ne se décrète ni ne s'improvise. Elle s'impose à celui qui l'exerce comme un devoir exigeant et transcendant. Le devoir d'exemplarité du chef est l'une des clés fondamentales de la discipline.

Dans l'acception de la discipline en tant que branche de connaissance ou d'activité, on retrouve de la même façon l'obéissance à des règles précises, tant dans le domaine des sciences formelles (mathématiques, informatique, logique, etc.), naturelles (physique, chimie, biologie, médecine, etc.), humaines ou sociales (histoire, géographie, économie, sociologie, psychologie, etc.), que dans celui des arts (littérature, peinture, musique, etc.) ou du sport (athlétisme, sports collectifs, sports mécaniques, etc.). Dans l'exercice de chacune de ces *disciplines,* l'application des règles est seule garante du bon déroulement des activités et de la performance du groupe.

Pour un marin d'Etat, la discipline, loin d'être une contrainte subie, doit au contraire être comprise comme la possibilité d'exercer sa liberté.

Au terme de cette réflexion, que ressort-il d'essentiel pour qualifier l'éthique du marin d'Etat ? Comme tous les êtres humains vivant sur la planète océane qu'est la Terre, le marin est soumis à la loi universelle du mouvement qui l'incite au questionnement. Individuel ou collectif, ce questionnement le conduit à prendre en compte de nombreux paramètres, tant physiques que techniques et humains, puis à les concilier au mieux.

La mer, immense élément naturel en perpétuel mouvement qui recouvre plus de 70% de la planète, s'impose à l'homme par sa puissance, son adversité et sa diversité. Il ne peut la dominer et, lorsqu'il s'y déplace, il doit faire preuve d'humilité, de volonté et d'intelligence, mais aussi de respect pour l'écologie marine dont dépend la survie de son espèce.

A bord du navire qui le transporte dans l'espace maritime, et qu'il doit, pour sa sécurité, conduire avec prudence et patience, il vit le plus souvent en équipage. Dès lors, il doit avoir en permanence le souci de la solidarité et de l'entraide, gagner la confiance des autres marins, leur donner sa confiance et respecter chacun car il ne peut y avoir de *maillon faible* dans un équipage. Il doit aussi tenir son *rôle d'équipage* en entretenant en permanence et en mettant en pratique des compétences professionnelles souvent très techniques.

Honneur, Patrie, Valeur et Discipline sont pour le marin d'Etat des repères éthiques dont il doit s'approprier le sens :

- L'honneur lui commande avant tout d'agir en toutes circonstances avec détermination et courage au succès de la mission confiée à l'équipage dans lequel il est intégré. Dans le calme, comme dans la tempête, il doit *garder le cap, contre vents et marées.*
- Parce qu'il a choisi de servir la France, il doit en connaître les fondements philosophiques et historiques. Il doit également avoir une conscience claire, réfléchie et apaisée de sa propre identité, comme de celle de son appartenance à sa patrie.
- Si l'abnégation qui peut le conduire *au sacrifice de soi* est une valeur dont il doit sans défaillance faire preuve dans les situations extrêmes, la disponibilité est la valeur fondamentale qui doit le conduire à se tenir prêt à tout instant à partir, sans ou avec très peu de préavis, pour accomplir une mission dont la durée et la dangerosité ne

sont pas toujours connues. La solidarité de ses proches comme celle de son équipage lui sera alors indispensable. Il devra mériter l'une comme l'autre en se montrant disponible, ouvert, à l'écoute et respectueux des attentes de chacun.
- Loin d'être subie comme une contrainte, la discipline doit être pour lui une manière d'exercer sa liberté, c'est à dire de développer ses capacités d'action et de réflexion en s'appuyant sur la solidarité d'un groupe dans lequel il se fera un devoir de tenir son rôle, dans le respect des règles communes au groupe. *« Entre le faible et le fort, c'est la loi qui protège et c'est la liberté qui opprime*[24]*. »*

Ainsi, l'éthique du marin d'Etat est semblable à celle de toutes les communautés humaines soucieuses de liberté, de progrès et de solidarité. Elle n'est ni différente, ni spécifique, mais elle a la caractéristique de s'exprimer subrepticement dans l'univers quotidien très particulier du navire de combat, de surface ou sous-marin, à bord duquel le marin d'Etat vit de longues semaines, voire de longs mois en équipage, loin des siens, dans un espace confiné, potentiellement dangereux, soumis au bon vouloir de la mer *« qui accepte de vous laisser passer*[25] *»*, tout en conduisant une mission qui, dans les cas extrêmes peut le conduire au sacrifice de sa vie, devoir hors du droit commun demandé à tous ceux qui, comme lui, servent l'Etat sous statut militaire.

---

[24] Lacordaire.
[25] Michel Desjoyeaux lors de son retour du tour du monde en solitaire (Vendée Globe) le 1er février 2009.

GENERATION Y

« Focus sur la génération Y[26] »
Conférence Plénière du congrès HR,
avec Michel SERRES, Paris, octobre 2012

–

La génération Y désigne les personnes nées entre 1978 et 1994, dates utilisées par les démographes australiens dans leur analyse des classes d'âge.

L'expression génération Y n'est pas un terme scientifique. Elle n'est utilisée ni par les sociologues, ni par les ethnologues. C'est une expression qui tient du vocabulaire commercial puisqu'elle est née à des fins de marketing.

Les Y, du nom du cordon d'écouteurs qui entoure leur cou, sont des personnes qui peuvent répondre positivement aux cinq questions suivantes :
- Est-ce que j'utilise l'informatique depuis mon enfance ?
- Ai-je connu Google à l'école ?
- Ai-je plusieurs adresses mail ?
- Est-ce que je fais partie de réseaux sociaux ?
- Est-ce que j'ai eu des difficultés à trouver du travail[27] ?

Les traits de caractère que l'on impute à la génération Y ne leur sont pas propres. Ils sont davantage un fait de

---

[26] Ce texte est extrait du mémoire de stage de mademoiselle Inès Cormier, diplômée d'HEC Majeure Entrepreneurs, stage dit bras droit auprès d'un décideur qu'elle a effectué à mes côtés pendant quatre mois au printemps 2010.

[27] Benjamin Chaminade est un consultant spécialisé dans la gestion de talents. Il est franco-australien et âgé de 35 ans. Il a créé le blog generationy20.com.

société qu'un fait de génération. L'expression génération Y fait référence à une tendance comportementale.

Les principales caractéristiques comportementales des représentants de la génération Y sont les suivantes :
- Des aspirations paradoxales, la quête de sens et un moindre intérêt pour l'argent, le *« on ne veut plus perdre notre vie à la gagner »* : les représentants de la génération Y ne placent pas le travail au centre de leurs vies.
- L'interconnexion via, entre autres, les réseaux sociaux.
- Un nouveau rapport à l'autorité : *« j'accepte de me soumettre à l'autorité de mon chef car il est compétent, qu'il me reconnaît et qu'il m'apprend quelque chose*[28]. *»*
- Un nouveau rapport au temps : ils vivent dans le présent et l'immédiateté. Ils conçoivent leur vie comme une succession d'épisodes distincts ; une forte sensibilité qui explique leurs mobilisations spontanées pour des causes variées.
- Un engagement politique affaibli au profit d'un engagement associatif renforcé : *« Le sable des émotions remplace le béton des convictions »*, Jean-Paul Delevoye.
- Une entrée dans la vie active plus tardive et précaire ainsi que des études supérieures de plus en plus longues *(phénomène Tanguy)*.
- Une nouvelle perception de la famille, qui accompagne et soutient sans juger. C'est *la famille-refuge*.
- Un individualisme fort qui s'accompagne d'une haute estime de soi (voir du narcissisme) ; en termes de valeur, ils recherchent la justice, la tolérance, la générosité et l'authenticité.

Une synthèse de cette liste peut être celle des quatre i comme :
- individualité,

---

[28] Hervé Sérieyx, *Jeunes & entreprise,* Editions d'Organisation, 2005.

- impatience,
- interconnexion,
- inventivité[29].

Pour autant, je reste convaincu qu'il ne faut pas trop généraliser cette idée de génération tant la diversité des personnalités et des comportements humains reste heureusement la seule règle globale. Les progrès techniques sont bien à la source de l'évolution des comportements humains, l'avènement du numérique étant une révolution aussi profonde que celle de l'imprimerie, tout comme le passage du cheval aux moyens transcontinentaux de transports rapides (avions et trains à grande vitesse). Mobilité et instantanéité de l'accès à l'information et au savoir sont les nouveaux repères de la génération Y comme de leurs anciens. Tous s'y adaptent plus ou moins aisément.

---

[29] Corinne Cabanne in Nouveleconomiste.fr, *Leadership & Management, Génération Y*, Cahier n° 2- hebdomadaire, jeudi 21 janvier 2010.

INNOVATION SOCIALE

« L'innovation sociale, ou comment répondre aux enjeux sociétaux ? »
Club DéciDRH, Avignon, juin 2012

–

- Comment faire en sorte que salariés et patrons ne se voient pas comme ennemis mais comme partenaires, associés dans un même projet, celui de l'entreprise ?
- Comment convaincre qu'il n'y a pas d'entreprise sans capital, pas de travail sans entreprise, donc pas de travail sans capital, et pas de capital sans travail ?
- Comment conjuguer l'individuel et le collectif au travers de valeurs partagées, celles de l'engagement, de la confiance, du respect de chacun, de l'équité, de la sincérité, du dialogue, du sens ?
- Comment promouvoir la responsabilité de chacun en l'aidant à se situer dans le groupe, à comprendre que ses actes l'engagent et engagent le groupe ?

L'innovation sociale doit répondre à ces interrogations. Il s'agit de faire en sorte que salariés et patrons soient portés par le même projet, engagés ensemble dans la performance de l'entreprise reconnue comme principale garante de leur emploi et donc de leur capacité à se réaliser individuellement et collectivement.

Il s'agit de promouvoir le bien vivre ensemble dans l'environnement de la société d'aujourd'hui, et d'accompagner les légitimes aspirations de chacun à l'accès au travail, au logement, aux soins, aux loisirs, aux biens de consommation, à la formation, à l'information, à l'entraide.

Pour atteindre cet objectif ambitieux, il faut être convaincu que l'humain est la première source de performance de l'entreprise.

Ethique autant que moral, le pacte républicain français - liberté, égalité, fraternité - est le socle du vivre ensemble et de l'agir ensemble de notre communauté nationale. Plaçons-le au cœur de nos innovations et de nos actions sociales.

En droit, on dit en parlant de l'entreprise qu'elle est une personne morale. Que signifie vraiment ce qualificatif ?

Au-delà de ses responsabilités économiques, sociales et juridiques, cela signifie que l'action de toute entreprise a des répercussions sur ses salariés, ses dirigeants, ses actionnaires, ses clients, ses fournisseurs, ses partenaires. Au cœur d'un réseau maillé, ouvert sur la société à l'échelle du village, de la ville, du département, de la région, du pays, du monde selon sa taille et son activité, elle se doit de conjuguer les intérêts de tous.

Ecosystème dans un écosystème local, régional, national ou mondial, elle doit pour vivre et se développer s'inscrire dans une double dynamique de compétitivité et de solidarité, l'une entraînant l'autre. Dès que l'un des acteurs de l'écosystème est fragilisé ou disparaît, c'est tout le système qui est en danger. La vision collective doit l'emporter sur la vision individuelle. La vision responsable, celle qui conduit à conjuguer les talents et les efforts plus qu'à les opposer, doit l'emporter sur la vision prédatrice du *toujours plus pour moi*.

Le défi de l'innovation sociale pour toute entreprise est de percevoir les évolutions de l'écosystème dans lequel elle agit, et de trouver des réponses concrètes pour s'y adapter et poursuivre son activité, voire son développement. Pour cela il lui faut pouvoir s'appuyer sur un réseau de veille sociétale bien structuré lui permettant de saisir *l'air du temps,* mais aussi sur des équipes de chercheurs capables de proposer des solutions concrètes, et des équipes de conduite du changement aptes à fédérer les hommes et les femmes de l'entreprise, ainsi que les ressources financières, techniques et logistiques nécessaires.

L'Ecosystème d'une entreprise est basé sur les interactions dynamiques entre le patronat, actionnaires et patrons, et le corps social constitué par les hommes et les femmes, cadres et salariés qui y travaillent. A ce système binaire, s'ajoutent les pressions de l'extérieur, les clients, les fournisseurs, l'environnement économique, géographique, social et politique.

Ces pressions se caractérisent par :
- *La mondialisation*, n'importe quel acteur économique pouvant intervenir n'importe où, n'importe quand, à n'importe quel prix.
- *La complexité*, les facteurs et variables de l'action étant de plus en plus nombreux et difficiles à appréhender.
- *L'incertitude*, la vitesse des changements semblant toujours plus rapide, et le nombre des acteurs toujours plus grand.

Confrontée à ces pressions extérieures, le rôle du patronat est de conjuguer sa logique de profit à celle de satisfaction de son corps social, mais aussi à celle de ses clients, de ses fournisseurs et de ses actionnaires.

Pour relever le défi de cette conjugaison il devra oser :
- *Plus de stratégie* en se repositionnant en permanence, en observant les évolutions et en s'y adaptant.
- *Plus de communication* en redonnant du sens.

- *Plus de management* en motivant le corps social de son entreprise.

Dans cette dynamique, tout bouge en permanence. Plus il y a de turbulences et d'instabilité, plus il faut faire preuve de finesse stratégique, d'écoute et de réactivité en s'adaptant, sans provoquer de rupture entre patronat et corps social, entre clients et fournisseurs. Tout est affaire d'équilibre !

Intéressons-nous maintenant au corps social de l'entreprise. De nombreux chercheurs et enseignants en sociologie et management des équipes ont défini des *comportements types*. Je vous propose de retenir les suivants :
- *Les passifs* : ils vivent dans la routine, craignent le changement, ont le sentiment de stagner, d'être ignorés ou incompris sans en retirer d'amertume forte. Ils font leur travail, mais rien de plus.
- *Les négociateurs* : ils sont prêts à participer à la stratégie de l'organisme, mais pas trop, et seulement après discussion des avantages qu'ils peuvent en retirer.
- *Les déchirés* : Ils sont passionnés et peuvent tout aussi bien devenir des opposants que des inconditionnels. Ils sont imprévisibles.
- *Les opposants* : Ils s'opposent à tout changement, dans le respect de la loi. Ils existent en *non*.
- *Les irréductibles* : Ils s'opposent à tout changement, quitte à transgresser les lois. Ils vivent du conflit.
- *Les inconditionnels* : Ils sont impliqués dans la stratégie, ne lui trouve aucun défaut, se donnent sans compter.
- *Les animateurs* : Ils sont impliqués dans la conduite du changement, mais sont aussi capables d'esprit critique, se donnent sans compter et alternent moral et déprime.

L'innovation sociale consiste à mettre en mouvement le corps social de l'entreprise, à motiver les passifs, encourager les inconditionnels et les animateurs, utiliser les négociateurs, isoler les opposants tout en utilisant leurs compétences, exclure à la première occasion les irréductibles. Trop souvent la tentation est de se heurter aux opposants, de privilégier les relations avec les inconditionnels, de ne pas écouter les animateurs, et d'ignorer les passifs. C'est tout l'inverse qu'il faut faire !

Enfin, l'innovation sociale ne peut s'envisager, je l'ai mentionné plus haut, sans un solide dispositif d'écoute sociale. Les principes de l'écoute sociale reposent sur le constat qu'un conflit est généré par une accumulation au fil du temps de petites tensions auxquelles il n'a pas été apporté de réponse satisfaisante. Ces *signaux faibles* - absentéisme, démobilisation larvée, ambiance morose - par opposition aux *signaux forts* - conflits sociaux et drames psychosociaux - résultent d'insatisfactions quotidiennes : horaires mal adaptés, difficultés de transport, inconfort des locaux de travail, défaut de moyens pour travailler, retards de paiement des salaires et des primes ou d'attribution des congés, isolement de la direction à l'égard du personnel, communication insuffisante etc. Pris séparément, chacun de ces éléments semble anodin mais, une fois cumulés, ils génèrent du mécontentement, des passifs qui peu à peu deviennent opposants. Le manager doit savoir repérer ces signaux faibles et y répondre de manière appropriée. Innover socialement c'est d'abord s'assurer du bien-être de ses collaborateurs au travail par une attitude permanente d'écoute, d'exigence adaptée, d'accompagnement et de reconnaissance mesurée. Ici encore, tout est affaire d'équilibre.

Dans la marine nationale les dispositifs de formation des cadres à la compréhension et la conduite du corps social (management-commandement), ceux d'écoute du corps social (concertation, suivi du moral) et ceux d'accompagnement des contraintes professionnelles (comité d'entreprise, suivi psychosocial) sont très largement développés et régulièrement actualisés en liaison avec de nombreux partenaires. Les plans *être marin* et *être combatif* que nous mettons en œuvre depuis bientôt trois ans sont des vecteurs très puissants de cohésion et de fierté d'appartenance. Nous entretenons des réseaux de dialogue social et un système de suivi du corps social très actifs qui permettent à tout instant à la hiérarchie de la marine de connaître les attentes et les préoccupations des marins, en y associant les familles et les anciens. Ce climat de confiance, c'est à dire de dialogue continu et ouvert à tous les niveaux de la hiérarchie, favorise l'innovation sociale et permet la mise en œuvre de mesures concrètes répondant aux attentes des marins et de leurs familles.

JEUNESSE

« Les formes d'engagement des jeunes. » Séminaire des réserves de la gendarmerie nationale, Maison Alfort en mars 2007, et ENSI de Bourges en novembre 2007

—

Les formes d'engagement des jeunes aujourd'hui ?

Au cours de cet exposé, je vais vous parler des jeunes, de leurs aspirations, de leurs projets, de leurs valeurs et de leur rapport au patriotisme. Pour vous parler de la jeunesse, je me suis largement inspiré des travaux des trois sociologues et démographes que j'ai eu la chance d'employer dans mes précédentes fonctions de chef du bureau condition du personnel de la marine, mais aussi de l'excellent ouvrage collectif *Les jeunes européens et leurs valeurs* publié aux éditions La Découverte Recherches sous la direction d'Olivier Galland et de Bernard Roudet dont je vous recommande la lecture.

Les jeunes, leurs aspirations, leurs projets

Tout être humain, jeune ou moins jeune, a besoin de se réaliser et doit pour cela satisfaire aux besoins décrits par Maslow: santé, sécurité, identité collective et individuelle, fierté d'appartenance. Les jeunes dont nous allons parler sont dans cette logique de réalisation d'eux-mêmes.

Les motivations à l'engagement

Les enquêtes menées par le centre de suivi des ressources humaines de la marine nous ont permis de dégager quatre grands profils de jeunes à l'engagement : *les carriéristes, les professionnels, les idéalistes et les réfugiés.* A chacun de ces profils correspondent un contexte familial et relationnel donné et des prédispositions individuelles à se réaliser plus ou moins facilement dans un groupe.

Le phénomène Tanguy

La jeunesse d'aujourd'hui diffère de celle d'hier, notamment du fait de l'allongement des études et de la déconnexion des étapes d'entrée dans la vie adulte qui en résulte. Le maintien au sein de la cellule familiale se prolonge et retarde l'acte d'individuation et la capacité d'autonomie. La quête de sécurité de plus en plus exigeante favorise les comportements *d'assistanat* et accentue parfois cette tendance qualifiée de *phénomène Tanguy*.

Les Valeurs

Cependant, même s'ils hésitent pour certains à se lancer dans la vie, les valeurs des jeunes restent proches de celles des anciens. Ainsi, justice ou égalité, solidarité ou fraternité et indépendance ou liberté sont majoritairement admises par les anciens et les jeunes comme des valeurs essentielles. Elles n'ont même plus besoin d'être portées par les grandes organisations politiques ou syndicales tant elles sont inscrites dans l'esprit de nos concitoyens, pour le moins ceux des sociétés démocratiques occidentales. Les grands mouvements collectifs se mobilisent désormais vers une nouvelle croisade au spectre très large : le développement durable, à la fois économique, social et environnemental, qui réunit à lui seul nombre des valeurs recherchées par les jeunes et les moins jeunes : solidarité, justice, progrès des libertés individuelles et collectives. Par ailleurs, l'autorité qui a dans le passé opposé jeunes et anciens, est aujourd'hui souhaitée par les jeunes qui voient en elle l'expression nécessaire d'une justice gardienne des libertés individuelles et de l'intérêt général.

L'individualisme ?

On entend dire que les jeunes sont individualistes. En fait, bien plus qu'à la montée de l'individualisme des jeunes, on assiste à la constitution de micro sociétés qui se développent notamment grâce aux technologies de l'information et de la communication. Ces microsociétés s'appuient cependant sur les cellules naturelles de toute société. La jeunesse d'aujourd'hui est nettement moins politisée que celle des années 1960 à 1980. Moins engagés dans les mouvements politiques ou syndicaux, moins critiques à l'égard des idées libérales en économie, sensibles à l'écologie, une large majorité de jeunes ne suivent pas massivement les idées altermondialistes et se réfugient au contraire dans une identité locale, loin de toute référence nationale ou internationale. Le sentiment d'appartenance à une société globale - nation, syndicat, parti politique, église, etc. est de plus en plus faible. A l'inverse, la famille, le cercle des amis, la *vie de village ou de clan* et le travail sont des valeurs fondamentales :
- Le travail signifie l'autonomie, et à ce titre répond au besoin d'individualisation très fort de la jeunesse d'aujourd'hui. Mais il n'est plus comme par le passé le lieu principal de l'accomplissement personnel.
- La famille est le lieu de la sécurité, du refuge affectif.
- Le *village ou le clan* et les amis constituent les cercles de la vie sociale et de la réalisation de soi, même si le lien social s'exprime de plus en plus souvent à travers les technologies de l'information et de la communication (SMS, e. mail, chat et blogs Internet, réseaux sociaux).

L'individualisation de la jeunesse repose en fait sur deux principes : un principe électif et un principe de proximité.

- Le principe électif conduit à choisir soi-même ses références, sa manière de vivre, ses engagements et ses fréquentations et donc à montrer une grande réticence à l'égard de toute forme de catégorisation collective, abstraite et durable.
- Le principe de proximité est lié au principe électif. Choisir revient le plus souvent à privilégier ce qui est proche, ce qui est semblable, à préférer le concret à l'abstrait, le relationnel au catégoriel. Le centre des préoccupations d'un jeune aujourd'hui est ainsi prioritairement constitué de l'espace concret de son appartenance à des réseaux d'affinité.

Le retour de l'autorité ?

Cette individualisation de la jeunesse n'est pas le triomphe d'une permissivité généralisée, ni le rejet de toute valeur. Au contraire, les jeunes d'aujourd'hui aspirent à une réhabilitation de l'autorité collective, non pas sous la forme d'un retour des valeurs traditionnelles collectives de leurs aînés, mais plutôt sous celle d'un juste équilibre entre le besoin de règles collectives et de libertés individuelles. Est licite ce qui ne nuit pas aux autres, illicite ce qui a des conséquences négatives sur l'individu. Cette morale relationnelle se fonde non plus sur des principes abstraits, mais sur leur effet social direct dans les relations interpersonnelles, notamment vis-à-vis des proches. Ce mouvement d'individuation désormais profondément ancré dans la conscience de la jeunesse européenne distingue nettement la morale privée de la morale publique. Si la première est de plus en plus libertaire, la seconde à l'inverse est de plus en plus rigoriste. Ainsi, l'attitude des jeunes à l'égard de l'autorité a connu un spectaculaire retournement dans les années 1990. Il est frappant de noter que c'est dans les pays européens où la jeunesse est la plus permissive en matière de mœurs privées, qu'elle est aussi la plus sévère en matière de mœurs publiques. L'exemple du Danemark est à cet égard frappant puisque les jeunes Danois veulent pouvoir vivre très librement à titre individuel, mais réclament une autorité ferme dans la vie publique. Ce cocktail inédit de libéralisme privé et de rigueur publique pose la question du retour de l'autorité de l'Etat, de sa capacité à assurer ses fonctions régaliennes traditionnelles : justice, éducation, sécurité, santé. Les enquêtes menées par le centre de suivi des ressources humaines de la marine nous ont également permis de mener une comparaison entre les valeurs des jeunes français et celles des jeunes recrues de la marine. Les jeunes marins, comme le reste des jeunes français, accordent une importance comparable au travail, à la famille, et à l'amitié. En revanche, des différences apparaissent dans trois domaines bien précis : les jeunes marins accordent beaucoup moins d'importance aux loisirs et à la religion que les jeunes français, alors qu'ils sont nettement plus nombreux à dire que la politique est importante. On peut y voir le signe d'un engagement plus fort de jeunes qui ont choisi de servir leur pays. Mais surtout, les jeunes marins se distinguent du reste de la jeunesse française dans leur rapport au travail. Leur vision du travail est moins matérialiste. Lorsqu'on leur demande ce qu'ils jugent prioritaire dans un emploi, les jeunes français évoquent en priorité le niveau de salaire, l'ambiance de travail et enfin la sécurité de l'emploi. Tandis que les jeunes marins placent en priorité l'intérêt du travail, la possibilité de découvrir d'autres mondes, ainsi que le niveau de responsabilité.

Les jeunes et le patriotisme ?

En France, comme dans de nombreux autres pays européens, le sentiment national s'estompe au profit de celui de valeurs communes à l'ensemble de l'Europe. La notion de patrie s'est estompée pour laisser la place à de nouveaux communautarismes dont certains sont très ouverts, humanistes et internationalistes, d'autres plus fermés, sectaires ou identitaires. Pour que le morcellement de la communauté nationale ne devienne pas générateur de crises ou de ruptures entre les communautés et les générations, il faut résolument promouvoir les valeurs humanistes auxquelles les jeunes adhèrent pour la plupart et proposer un autre regard que celui des clans fermés. Cependant, l'identité nationale demeure et les armées en restent l'expression majeure dans la mesure où elles existent pour défendre partout dans le monde les valeurs de la communauté nationale. C'est ce qui explique l'adhésion des jeunes aux opérations extérieures, aussi longtemps qu'elles ont pour objectif le retour à la paix ou l'aide humanitaire aux populations meurtries par la guerre ou les catastrophes naturelles. La conquête d'un territoire pour assurer l'avenir économique de la communauté nationale est définitivement considérée comme hors la loi. Le service de la Paix a remplacé celui de la conquête guerrière. Pour la jeunesse européenne, la relation au patriotisme s'inscrit désormais dans la perspective d'une communauté nationale décidée à défendre la Paix partout où elle est menacée. Cet engagement n'est pas lié au seul besoin de défendre des intérêts communautaires, il obéit aussi et surtout à une idéologie pacifiste et humaniste de solidarité et de justice. Les valeurs qui le portent sont largement plus puissantes aujourd'hui que celle du patriotisme national, sans pour autant que l'appartenance nationale soit totalement rejetée. Il y a là une relative ambiguïté, d'autant plus délicate à gérer que la communauté nationale est de plus en plus hétérogène, métisse. Il faut donc être en mesure de proposer une identité nationale très ouverte, fondée non plus exclusivement sur un territoire, une histoire et une religion, mais de manière beaucoup plus large sur des valeurs fédératrices comme la démocratie, les droits de l'homme, la laïcité, le respect des communautés et des identités, la reconnaissance de la diversité. Le sentiment d'appartenance mentionné par Maslow comme l'un des besoins à satisfaire dans la réalisation de l'homme est à redéfinir dans un monde de plus en plus *métissé et globalisé.*

Des jeunes plus pragmatiques que romantiques

L'intensification de la concurrence à l'intérieur même de la classe d'âge dès le début de la scolarité, l'incertitude du lendemain, la fragmentation des idéaux collectifs contribuent à tempérer les élans romantiques de la jeunesse d'aujourd'hui et favorisent une culture pragmatique où la réussite individuelle prime sur le destin collectif. Les jeunes ne sont pas aujourd'hui plus généreux ou altruistes que leurs aînés. A bien des égards ils semblent même l'être moins, sans doute parce qu'ils sont accaparés avant tout par le travail de construction lent et difficile de leur place dans la société et repliés sur le cercle de leurs proches, famille et amis, cercles qui offrent un espace protecteur, matériel et affectif, face aux incertitudes du présent et du futur. A défaut de *lendemains qui chantent,* les jeunes s'adaptent au monde globalisé de la mondialisation, du réchauffement climatique et du principe de précaution, en étant plus pragmatiques que romantiques.

Je conclurai avec les mots d'Olivier Galland : « *la jeunesse doit être considérée comme une ressource avant tout, et tout doit être mis en œuvre pour cultiver et encourager cette ressource à se développer, pour que les jeunes passent à l'autonomie sans entraver leur imagination et leur capacité à entreprendre.* »

Pour ma part, ne partageant pas l'idée qu'un homme ou une femme puisse être considéré comme une ressource, au même titre que l'argent ou les machines, je reste convaincu que chaque être humain est unique, rare et riche de ses talents et envies, quels que soient son âge, son sexe, son origine ethnique, ses croyances, etc. Les générations se succèdent en s'enrichissant de leurs expériences heureuses comme malheureuses, fortes de la rareté et de la richesse de chacun des êtres vivants et pensants qui les composent. Ne cédons pas au mythe du conflit des générations et sachons plutôt percevoir les grandes tendances de l'évolution sociétale portées par la mondialisation et la numérisation.

OBJECTION DE CONSCIENCE

« L'Objection de conscience »
Entretien de Valpré, octobre 2012
–

« Je ne partage pas vos idées mais je me battrai pour que vous puissiez les exprimer. » Voltaire.
Cet adage du grand philosophe du siècle des lumières en Europe me semble être une clé d'accès majeure au sujet de l'objection de conscience. En effet, il pose clairement le principe du respect des opinions qu'elles qu'elles soient, et du droit absolu à pouvoir les exprimer librement, en conscience.

Conscience

En conscience un être humain, au nom de ses croyances religieuses, philosophiques, politiques ou culturelles, peut admettre ou ne pas admettre la guerre, la torture, la mutilation, le meurtre, le viol, le vol, le faux-monnayage, l'euthanasie, l'avortement, la contraception, l'homosexualité, la transsexualité, la prostitution, la pédophilie, l'inceste, l'esclavagisme, la transplantation d'organes, l'excision, la scarification, l'incinération des cadavres, la manipulation génétique, la fécondation assistée, le cannibalisme, la consommation de viande animale, d'alcools, de drogues, l'inégalité des races et des sexes, la polygamie, le port du voile, les jeux de hasard, la chasse, la tauromachie, les combats entre hommes ou entre animaux etc.

Aussi effrayante que soit l'énumération de certains de ces actes, elle n'est pourtant que le reflet de la diversité et souvent hélas de l'atrocité qui caractérisent les comportements humains depuis l'antiquité. L'espoir d'une conscience universelle dans laquelle tous les humains se reconnaîtraient en admettant le principe absolu du droit à la vie, à l'amour, à la liberté et à l'égalité se heurte hélas inéluctablement depuis la nuit des temps à la violence de la nature humaine. Car c'est bien de notre condition humaine qu'il faut partir pour tenter de comprendre ce que sont la conscience, et son corollaire l'objection de conscience.

Sans que nous sachions vraiment d'où elle nous vient, la conscience est la faculté qui nous est donnée en tant qu'être humain de connaître notre propre réalité et de la juger. Notre premier devoir de conscience est de reconnaître que notre condition d'être humain est double. Notre statut d'être vivant nous soumet à la loi biologique naturelle qui est que tout être vivant, humain, animal ou végétal, où qu'il se situe dans l'univers, doit exercer son irritabilité - sa violence biologique - afin de pouvoir se nourrir et se reproduire. Lorsqu'il se place en dessous de ce seuil d'irritabilité, tout être vivant, et au-delà toute espèce vivante, finit par disparaître.

Vient ensuite pour nous les humains, et à un moindre niveau pour quelques animaux (grands singes hominoïdes tels les chimpanzés et les gorilles, mais aussi les éléphants et les dauphins), notre dimension d'être pensant, c'est à dire d'être vivant qui au-delà du seuil d'irritabilité existe à travers sa perception de l'autre avec lequel il échange, entreprend, combat selon le cas. Pour satisfaire ses désirs, surmonter ses angoisses de vie et de mort, de temps qui passe, de rapport à la nature et à l'autre, l'être pensant s'engage, travaille et tente de se libérer du temps et des lois de la nature en développant des croyances et des techniques toujours plus évoluées. Cette quête de liberté peut conduire l'être pensant très loin dans sa volonté de maîtriser la vie[30].

Comment concevoir l'idée du commencement ? Celle du néant ? De l'infini ? De l'origine et du sens de l'existence humaine ? Depuis des siècles les religions ont apporté des réponses à ces interrogations en invitant leurs fidèles à croire au divin, source de vie et de providence. Du christianisme au bouddhisme, de l'hindouisme au taoïsme, du judaïsme à l'islam, du protestantisme au manichéisme, du polythéisme aux sectes, et tant d'autres encore, shintô, zen, chan, tantrisme, jinisme, sikhisme, mazdéisme ou zoroastrisme, mayas, aztèques, orthodoxes, et tous les syncrétismes d'Afrique, d'Asie, d'Océanie, d'Amérique, chacune de ces religions ont été, voire sont encore dans plusieurs régions du monde, vécues comme source unique du tissu social des communautés de croyants qui les pratiquent avec foi.

Cependant, dans le monde dit occidental, notamment dans celui issu du siècle des lumières, la religion a peu à peu cédé la place à une vision laïque de l'existence humaine. La déclaration des droits de l'homme et du citoyen, la sécularisation de la vie publique et le progrès continu des sciences ont bouleversé l'ordre du tissu social hérité des siècles précédents. L'Etat, l'Eglise, l'Ecole, l'Armée, la Justice, la Politique, les Sciences, les Arts se sont entrechoqués pour repousser l'idée d'un monde divin, surnaturel, au profit de celle d'un cosmos rationnel, scientifiquement démontrable.

Emportés dans ce vaste mouvement qu'ils ont en conscience provoqué, les êtres vivants et pensants du

---

[30] Idée reprise d'un texte de l'amiral Guy Labouérie directeur de l'école supérieure de guerre navale en 1991, *La guerre, pourquoi ?*

monde occidental ont poussé très loin le concept des libertés individuelles, tout en confiant aux représentants élus du peuple le soin d'établir les lois de la vie publique, collective. Les sociétés qui se sont ainsi créées se sont de fait progressivement métissées, faisant coexister sur un même territoire des hommes et des femmes de croyances religieuses, philosophiques, politiques et culturelles très diverses. Le socle commun de la vie collective n'y est plus fondé sur des textes sacrés, religieux, il l'est sur des textes dits *législatifs* : constitutions, lois et décrets.

En France, le préambule de la constitution de la République française du 4 octobre 1958 affirme le principe de la laïcité, c'est à dire de la séparation de la société civile et de la société religieuse, mais aussi celui de la neutralité de l'Etat comme de l'Eglise, l'Etat n'exerçant aucun pourvoir religieux, et l'Eglise aucun pouvoir politique. La laïcité permet de fait l'exercice des libertés posées par la déclaration des droits de l'homme et du citoyen de 1789 qui stipule notamment que :
- « *Nul ne doit être inquiété pour ses opinions, même religieuses, pourvu que leur manifestation ne trouble pas l'ordre public établi par la Loi.* » *(Article X).*
- « *La libre communication des pensées et des opinions est un des droits les plus précieux de l'Homme : tout Citoyen peut donc parler, écrire, imprimer librement, sauf à répondre de l'abus de cette liberté, dans les cas déterminés par la Loi.* » *(Article XI).*

L'article 1er du préambule de cette constitution affirme également « *l'égalité devant la loi de tous les citoyens sans distinction d'origine, de race ou de religion. Elle respecte toutes les croyances.* »

Ainsi, dès lors que l'on fait le choix d'être citoyen français, ces principes s'imposent à nous, et il nous revient de les mettre en pratique, en conscience et objection de conscience. Chacun, chacune d'entre nous doit en effet trouver les réponses aux inévitables interrogations que soulève la conciliation toujours délicate de ses croyances religieuses, philosophiques, politiques et culturelles aux lois républicaines. L'euthanasie, la contraception, l'avortement, la procréation assistée, la manipulation génétique, l'homosexualité, la polygamie et le port de voile, mais aussi la guerre et l'usage des armes sont autant de sujets qui interpellent nos consciences, citoyennes autant que spirituelles. Comment arbitrer entre ce que nous dit la loi et ce que nous dit notre conscience ?

Objection de conscience

Notre conscience morale, qu'elle se fonde sur une croyance religieuse ou pas, désigne le sentiment en chacun de nous d'une norme du bien et du mal qui nous dit comment apprécier la valeur des conduites humaines, qu'il s'agisse des nôtres ou de celles d'autrui. Dès lors que nous nous faisons une opinion de ce qui est juste et bien, nous nous faisons un devoir d'y être fidèle. Poussés par ce sentiment du devoir, nous sommes prêts à nous opposer aux lois, à *objecter*, verbe qui vient du latin *objectare* qui signifie mettre devant, jeter devant, s'opposer à une affirmation, à une proposition, à une demande.

Selon Monseigneur Jean Laffitte[31], « *les plus anciens écrits (...) nous donnent le témoignage d'hommes et de femmes qui, parvenus à un moment décisif de leur existence où s'impose à eux un choix personnel de portée religieuse ou morale, se trouvent dans la position de*

---

[31] *Histoire de l'objection de conscience et différentes acceptations du concept de tolérance,* Monseigneur Jean LAFFITTE Académie Pontificale pour la Vie, XIII Assemblée Générale, 2007.

devoir désobéir à la loi de leur pays. » Ils réalisent alors une objection de conscience, que l'on définit comme l'acte de refuser d'obéir à une loi civile jugée en conscience gravement injuste. Cependant, *« les lois obligent car elles sont supposées protéger des biens et des droits dans une perspective, en principe, de garde et de promotion du bien commun*[32]*.* » C'est tout le paradoxe de l'objection de conscience.

L'objection de conscience est aujourd'hui acceptée dans certains pays et dans certains cas, en particulier le refus de se soumettre au service militaire ou celui de pratiquer une interruption volontaire de grossesse. Ces pays acceptent et tolèrent que certaines convictions profondes puissent conduire un individu à refuser en conscience d'obéir à une loi civile. À l'heure où le fait religieux retrouve une place de plus en plus importante dans nos sociétés occidentales, et où les interrogations se multiplient quant à la place à lui donner, la Grande Chambre de la Cour Européenne des Droits de l'Homme a rendu le 7 juillet 2011 un arrêt qui mérite attention :
- *« Toute personne a droit à la liberté de pensée, de conscience et de religion ; ce droit implique la liberté de changer de religion ou de conviction, ainsi que la liberté de manifester sa religion ou sa conviction individuellement ou collectivement, en public ou en privé, par le culte, l'enseignement, les pratiques et l'accomplissement des rites.*
- *La liberté de manifester sa religion ou ses convictions ne peut faire l'objet d'autres restrictions que celles qui, prévues par la loi, constituent des mesures nécessaires, dans une société démocratique, à la sécurité publique, à la*

---

[32] *L'Objection de conscience a-t-elle sa place dans une société tolérante ?* Par Théa JACOB et Hélène COULON. Enseignant Encadrant : Dominique VERMERSCH, Juin 2007.

protection de l'ordre, de la santé ou de la morale publiques, ou à la protection des droits et libertés d'autrui. »

Se pose alors la question des limites de l'objection de conscience dans une société qui prône l'égalité des opinions, la primauté des libertés individuelles et la tolérance. Comment concilier tolérance, conscience et objection de conscience pour permettre à une communauté un *vivre ensemble* respectueux de toutes les opinions sans se heurter à leur inévitable conflictualité ? Car c'est bien là le problème. La tolérance trouve ses limites face à la diversité, face à l'adage selon lequel *la liberté des uns s'arrête là où commence celle des aut*res.

La société idéologiquement tolérante, vers laquelle les peuples occidentaux issus du siècle des lumières s'efforcent de tendre, pourrait ainsi paradoxalement aboutir au rejet de l'objection de conscience. Pour autant, supprimer l'objection de conscience des textes législatifs changerait-il les comportements humains ? L'histoire nous enseigne que la force des idées l'emporte sur celle d'un droit tolérant dans lequel les hommes ne se reconnaissent pas.

Tolérance

La tolérance vient du latin *tolerare* qui signifie supporter. En général, on dit qu'une personne est tolérante lorsqu'elle ne s'oppose pas à une action entreprise par autrui, qu'il s'agisse d'une personne, d'une autorité ou d'un groupe social, bien qu'elle ait les moyens de le faire et qu'elle soit en désaccord avec cette action.

Pour qu'il y ait tolérance, il faut qu'il y ait diversité et que celle-ci soit, par sa nature même, source de désaccord. On ne peut tolérer une pensée que si elle est différente de nos convictions. Toujours ce fameux rapport à l'autre !

Désobéissance

Si la raison nous persuade d'obéir aux lois, elle nous autorise également à résister au monde comme il va. « *La vraie trahison est de suivre le monde comme il va et d'employer l'esprit à le justifier*[33]. »

Face à une autorité non respectueuse de l'égalité et de la liberté des hommes, corrompue par l'argent ou les idéologies aliénantes, désobéir est un devoir. La désobéissance conduit alors à placer la justice et la raison au cœur de son action, à défendre la laïcité comme socle du droit à vivre librement et consciemment ses croyances morales et spirituelles, dans le respect de toutes les croyances dès lors que celles-ci ne sont pas contraires aux principes de liberté, d'égalité et de fraternité des citoyens, quels que soient leurs races, leurs sexes ou leurs âges.

Le bras armé de la désobéissance ne peut être que celui de la justice et de la paix. Il ne doit pas admettre la violence. C'est cette compréhension de la justice, de la paix et de la violence maîtrisée qui seule fonde l'autorité des forces armées quand elles sont engagées dans la guerre. La guerre n'est jamais juste ou légitime. Elle est le résultat d'un échec, celui de n'avoir pas su convaincre l'autre que son comportement n'est ni juste, ni légitime. Quand hélas il faut s'y résoudre, la guerre doit être conduite par des hommes justes et raisonnables, agissant au nom de citoyens désireux de liberté, d'égalité et de fraternité. C'est à cette interrogation d'éthique qu'est confronté

---

[33] Jean Guéhenno.

chaque militaire. Il doit être prêt à désobéir à un ordre qui ne respecterait pas ces valeurs.

Amour

On peut ne croire à aucune religion, mais si l'on croit, il faut alors en choisir une tant la diversité de ce qu'enseignent les religions est grande. Rêver d'une religion universelle qui recueillerait l'assentiment de tous les humains est aussi dangereux que stupide : le principe même de la vie est celui de la diversité. Il en va de la religion comme de la culture : ni l'une ni l'autre ne se laisse concevoir comme somme ou synthèse de toutes celles qui existent. Le monde globalisé du siècle numérique qui s'est affirmé lors du passage au second millénaire n'est que d'essence matérielle, pas spirituelle. S'il se libéralise, s'individualise et se sécularise, en aucun cas le monde spirituel ne se synthétise. La diversité y reste le principe absolu et elle seule doit guider notre conscience du monde.

L'avènement du numérique dans notre vie quotidienne et la mondialisation de l'économie sont les deux ruptures majeures des récentes décennies. En moins de 30 ans, ce qui est une nanoseconde à l'échelle de l'histoire de notre humanité, notre monde s'est planétarisé et numérisé, bousculant notre rapport au temps, à l'espace, aux autres humains, au monde du travail comme à celui des loisirs. Désormais *tous dans la même galère*, reliés plus ou moins virtuellement les uns aux autres par les moteurs de recherche et les réseaux sociaux d'Internet, les outils numériques de transferts monétaires, les satellites et les câbles sillonnant les océans, il nous faut nous adapter à un monde globalisé. Nous vivons sans en avoir pleine conscience une révolution aussi importante que celle dite Copernicienne à la sortie du Moyen âge.

Notre humanité découvre sa complexité, sa fragilité, mais aussi sa solidarité, et perçoit un peu plus distinctement encore combien l'incertitude et la diversité sont ses principales caractéristiques. Dans un monde fluide, complexe, il faut pouvoir dessiner des projets, mobiliser des volontés et des talents, communiquer, dialoguer, rassurer tout en ne dissimulant pas les risques et les menaces, mais aussi les opportunités. Pour nombre d'humains et notamment ceux du monde occidental, d'un monde cartésien, binaire, il faut passer à un monde fluide et évolutif dans lequel tout est mouvement incessant, quête d'équilibre.

Et voilà la boucle bouclée. Dès lors que l'on décide de ne pas partager toutes les idées des autres, mais de considérer qu'elles doivent pouvoir s'exprimer librement et être défendues par la loi comme nous y invite Voltaire, il faut alors en admettre la diversité. En acceptant la diversité, nous reconnaissons que l'univers dans lequel nous vivons tous, humains, animaux et végétaux, est multiple, et que seule la règle de l'Amour est en mesure de transcender cette diversité. L'Amour qui doit nous conduire à aimer notre prochain comme nous même, à nous reconnaître dans certaines valeurs en acceptant qu'elles ne sont pas universellement partagées, mais qu'en étant nôtres, elles nous guident dans notre humanité, nous permettent d'exister *un parmi les autres*, ni plus grand, ni plus petit, tout simplement égal et aimant, émerveillé de l'infini richesse d'un univers dont nous ne percevons qu'une infime partie de la réalité, humble devant une création qui nous dépasse et que nous apprenons au fil des millénaires à découvrir, de l'infiniment petit à l'infiniment grand.

C'est ce message de l'Amour que bien des religions traduisent dans leurs textes sacrés, et c'est l'Amour qui seul peut relier le temporel et le spirituel. Alors oui, militons pour l'Amour sans en faire un glaive, vivons tout simplement nos convictions sans chercher à les imposer ni à les dissimuler.

En 1950, le théologien jésuite Pierre Teilhard de Chardin écrivait : « *Que nous le voulions ou non, l'humanité se collectivise, elle se totalise sous l'influence de forces physiques et spirituelles d'ordre planétaire, d'où pour l'homme le conflit moderne entre l'élément toujours plus conscient de sa valeur individuelle et des liens sociaux toujours plus exigeants.* » Et il ajoutait : « *L'avenir dépend du courage et du savoir-faire que les hommes montreront à vaincre les forces d'isolement ou même de répulsion qui semblent les chasser loin les uns des autres plutôt que de les rapprocher. Ce n'est pas d'un tête-à-tête, ni d'un corps à corps dont nous avons besoin...c'est d'un cœur à cœur.* »

Le *cœur à cœur* dont nous parle Teilhard de Chardin doit être le moteur de nos consciences. Il se fonde sur l'Amour de soi et de l'autre, et le refus absolu de la violence. Il nous invite, en conscience et objection de conscience, à exercer notre liberté.

OFFICIER

« Rôle de l'officier – devoirs, pouvoirs, éthique »
Ecole d'application du service de santé des armées
Paris, octobre 2006

–

Qu'est-ce qu'un officier ?

Pour le dictionnaire, c'est celui ou celle qui est titulaire d'un grade et d'une fonction.
Dans les armées, l'officier a des pouvoirs hiérarchiques, disciplinaires et administratifs : il commande, note, récompense, punit.
Il a aussi des devoirs à l'égard de son institution : loyauté, neutralité, disponibilité, discipline, esprit d'engagement et de cohésion.
Il a enfin des responsabilités d'encadrement, de direction, de commandement et de management. Il est appelé à diriger des hommes et des femmes pour accomplir une mission, les conduire dans l'action, au combat comme à l'entraînement.

Dans votre cas, officiers du service de santé des armées, vous serez prochainement affectés comme capitaine, médecin major d'une unité militaire.
- Capitaine, c'est celui qui porte trois galons, qui commande une compagnie ou un navire, dirige un armement ou une entreprise. C'est une *tête* (capitaine vient du latin *capitaneus* dérivé de *caput*, la tête).
- Médecin, c'est celui qui pratique la médecine, soigne les malades et les blessés.
- Major, c'est un titre de supériorité par le savoir et le rang dans la hiérarchie militaire.

Au triple titre de *capitaine médecin major* vous allez être celui ou celle qui conseillera le commandement pour que soient pris en compte les facteurs d'hygiène mentale et physique dans la conduite de l'action.

Vous allez ainsi être un personnage clé au sein de vos unités. Il va vous falloir trouver votre place auprès du commandement, mais aussi auprès de chaque homme et chaque femme de la formation, gagner leur confiance et leur estime, vous faire connaître et reconnaître. Votre seul savoir professionnel de médecin n'y suffira pas. Il faudra avant tout vous forger une personnalité, trouver les gestes et les paroles qui vous feront accepter.

Bien plus qu'un médecin, vous serez un officier. Pour vous parler du rôle de l'officier je vous propose d'aborder successivement ses devoirs, son éthique, ses pouvoirs et ses responsabilités en partant de quelques mots du dictionnaire commençant par la même lettre que la première de chacun de ces quatre domaines.

D comme devoirs et comme...

Décision

« *Il faut d'abord savoir ce que l'on veut ; il faut ensuite avoir le courage de le dire ; il faut enfin avoir l'énergie de le faire.* » Georges Clemenceau.
Décider c'est savoir ce que l'on veut faire, le dire et faire ce que l'on a dit. Décider, c'est ce que le personnel attend d'un officier, c'est le capitaine d'un navire qui trace la route. Les objectifs sont fixés et les règles du jeu - *qui fait quoi, pourquoi, quand, où et comment* - clairement indiquées. Le chemin parcouru est régulièrement analysé (*retour d'expérience*) et celui restant à parcourir fréquemment précisé (*programmation et planification.*)

Il faut en permanence s'assurer que ce que l'on a ordonné est compris de tous, en situant en permanence l'action quotidienne de chacun dans le contexte global de la mission en trouvant les mots que tous comprendront.

Dialogue

« *Je ne partage pas vos idées mais je me battrai pour que vous puissiez les exprimer.* » Voltaire.
Face au changement, aux évolutions de la société, à un monde en perpétuel mouvement, à l'incertitude du lendemain, la tendance naturelle de l'être humain est de se réfugier dans la routine et dans l'application répétitive de comportements inscrits dans l'habitude - *on a toujours fait comme ça et ça marche, alors pourquoi changer ?*
Certaines évolutions alimentent les peurs et les jalousies, avivent les tensions corporatistes, favorisent les comportements individualistes, menacent la cohésion. La responsabilité du chef est de savoir déceler ces peurs et ces tensions et d'y répondre par le dialogue. Il doit être capable de dessiner l'avenir, d'en faire comprendre et partager les enjeux, de lever les peurs, de transmettre la confiance. Une équipe qui vit dans l'inquiétude du lendemain et qui n'a pas de vision commune des enjeux du changement n'a aucune chance d'être performante.

Dignité

« *Les privilégiés sont ceux qui ont pu ou su choisir leur fardeau.* » Jean de Bourbon Busset.
La dignité c'est la fonction, le titre ou la charge qui donne à quelqu'un un rang élevé dans une société.
Le devoir de dignité d'un officier, personnage élevé dans la hiérarchie militaire, c'est d'inspirer le respect par la qualité de sa personnalité et de son comportement.

Etre digne, c'est assumer ses actes, ses décisions et ses choix de vie. C'est traiter les problèmes qui se présentent sans tricher avec les faits qui s'imposent par la force de leur réalité. C'est aussi résister au stress et aux pressions, à l'usure du temps et à la fatigue. C'est en permanence se tenir prêt moralement, intellectuellement et physiquement à la mission en donnant l'exemple de son engagement et de sa détermination, et en s'interdisant le retranchement derrière des prétextes (manque de moyens, d'autonomie d'action, hiérarchie pesante, etc.). C'est enfin s'interdire de faire porter aux autres le poids de ses doutes et de ses craintes.

E comme éthique et comme...

Ecoute

« *On ne se débarrasse pas d'une habitude en la flanquant par la fenêtre ; il faut lui faire descendre l'escalier marche par marche.* » Marc Twain.
Beaucoup de cadres consacrent l'essentiel de leur temps aux tâches techniques liées à leur métier. Absorbés par ce travail, ils ne prennent pas le temps de connaître leurs équipes, d'identifier ceux qui pourraient efficacement participer à la performance d'ensemble sous réserve d'être encouragés et guidés dans cette démarche.
Le cadre de contact doit en permanence être à l'écoute des hommes et des femmes dont il a la charge, les encourager dans leur travail et sans cesse donner du sens au projet. Il lui faut aussi comprendre l'alchimie entre le temps et la violence. Celui qui ne maîtrise pas son temps, ne maîtrise pas sa violence, celle de son impatience, de sa colère. Il court le risque non seulement de ne pas savoir écouter, mais aussi de s'énerver, et celui qui s'énerve perd la confiance de ses équipes ! Complexe alchimie des rythmes qui s'ajoutent (ceux des temps universel, biologique,

physique, familial, social etc.), le temps est un élément clé du commandement, et il ne faut apporter aucun crédit au discours sur le temps de guerre qui serait différent du temps de paix : chaque situation réclame de notre part engagement, écoute, courage, décision, calme, patience et détermination. Dans la vie il n'existe pas de temps morts !

Equipe

« *Voilà jusqu'où je sais porter le feu ; maintenant prends le et vas plus loin si tu le peux, car tout ce qu'un homme est capable d'imaginer, d'autres sont capables de le réaliser.* » Jules Verne.
De cette citation, il ressort que la créativité de chacun d'entre nous emprunte sa richesse dans la rencontre avec l'autre. Elle est d'abord celle de tous ceux que nous côtoyons. Elle est le résultat d'un travail en équipe, de la conjugaison de plusieurs sensibilités et de notre capacité d'écoute.
L'équipe suppose un sentiment, voire une fierté d'appartenance. Pour créer une équipe, il faut être capable de donner du sens à l'action, de faire partager un projet commun, une ambition commune, de fixer des règles de fonctionnement, de faire connaître ce qui ne doit pas être transgressé *(la ligne jaune ou rouge)*, d'agir avec méthode, de favoriser les valeurs communes, d'inscrire l'action dans la durée, de combattre les peurs de chacun par l'explication et le dialogue.
A la fois interprète et gardien des règles, un chef doit en permanence écouter les membres de son équipe et adapter son message en conséquence pour faire comprendre, sans démagogie ni autoritarisme, mais avec fermeté et détermination le sens du projet, de la mission.

Esprit

« *Celui qui a un pourquoi vivre, supporte presque n'importe quel comment vivre.* » Nietzsche.
Lorsque l'on est en position d'autorité, on peut rapidement être conduit à se raconter une histoire, *(paranoïa du complot, mégalomanie, complexe de supériorité)*, à interpréter les choses, les faits et les gestes de chacun alors qu'il faut s'efforcer de ne s'en tenir qu'aux faits, à la réalité des situations, sans les juger au point de les transformer.
Relever le défi de l'esprit compris comme *intelligence du cœur,* c'est faire confiance a priori, c'est choisir de traiter le réel et non l'idée que l'on s'en fait, gagner en écoute, sortir des mondes connus pour en découvrir de nouveaux, sans les interpréter avec ses émotions ou ses valeurs avant d'en avoir analysé tous les aspects. C'est savoir prendre le temps de sa liberté, laisser parler son esprit et son cœur pour mieux réfléchir, être l'architecte de ses choix et de ses actes en les analysant avec lucidité et honnêteté. C'est aussi inventer son chemin, y accueillir tous ceux que l'on y rencontre, s'enrichir de leurs différences et renforcer ou corriger ses convictions personnelles par comparaison aux leurs. C'est enfin refuser la facilité du discours simplificateur du *café du commerce* et lui préférer le doute qui fait naître la pensée puis l'action, l'amour de soi comme de l'autre.

P comme pouvoirs et comme…

Pédagogie

« *Le commandement ne s'apprend pas dans les écoles ; il s'appuie sur une culture et sur une pratique.* » Charles de Gaulle.

Etre pédagogue, c'est en permanence savoir expliquer pourquoi on agit ensemble, pourquoi la mission impose la loyauté, l'engagement, la discipline, la disponibilité et la cohésion, quels sont les valeurs qui la guident, les raisons de son caractère parfois paradoxal et complexe.

La recherche des valeurs peut apporter chez l'homme autant de tension que d'équilibre, mais sans cette recherche il n'est qu'animal. Sa condition humaine le conduit naturellement à s'interroger. Le chef doit guider les hommes et les femmes dont il a la charge dans cette quête, les rassurer par sa force de réflexion, par sa culture d'esprit et de cœur, par sa pratique de l'autorité et sa capacité à donner du sens aux événements, dans l'adversité comme dans la routine.

Il existe deux grandes écoles du commandement par objectifs : celle de la gestion par le stress qui conduit à fixer des objectifs très ambitieux et non atteignables, et celle de la gestion participative qui conduit à fixer des objectifs atteignables, élaborés en commun en intégrant dans le temps la culture et la compétence de chacun. Le management par objectifs favorise la volonté de progression, chacun s'appropriant son travail. Il a le plus souvent des effets positifs mais peut conduire certains à un surinvestissement professionnel, voire affectif, qui se traduit alors par un besoin aigu de reconnaissance, parfois générateur de frustrations. Face à de tels comportements, il convient de réagir en favorisant toujours l'intérêt collectif par rapport à l'intérêt particulier. Ce n'est pas l'individu lui-même qu'il faut mettre au centre du projet, mais son travail au sein de l'équipe de projet.

Personnalité

« La première chose à faire pour développer votre style de commandement, c'est de faire le meilleur usage de ce que vous avez et ne pas trop vous soucier de ce que vous

n'avez pas. » Vice-amiral James Burnell Nugget, Royal Navy.

On ne peut pas durablement tricher avec sa personnalité, jouer un rôle. Pour diriger une équipe, il faut se connaître et agir en conséquence, en cherchant à progresser dans l'exercice de l'autorité.

Le diplôme, l'uniforme et la position hiérarchique ou sociale ne suffisent pas à conférer le droit d'autorité. L'autorité se fonde d'abord sur un acte de droit : celui du décret ou de l'arrêté qui nomme au commandement. Elle dépend ensuite de notre personnalité, de notre charisme, de cette complexe alchimie qui fait que nous serons respectés et écoutés. Elle ne peut se fonder sur la seule compétence qui n'est pas une qualité mais un état en permanente évolution.

Ainsi, chacun de nous doit se faire une idée personnelle de ce qu'est l'autorité. De cette idée dépendra son style de commandement et sa capacité à être respecté et obéit.

Performance

« Ce n'est pas l'esprit qui fait les opinions, c'est le cœur. » Voltaire.

Dans une équipe, pour atteindre la performance, il faut avant tout connaître chacun, évaluer ses compétences, ses forces et ses faiblesses, l'aimer assez pour le guider.

Toute l'alchimie du travail d'évaluation et de notation confié aux officiers repose sur leurs capacités d'amour, de discernement et de jugement, sur leur implication personnelle dans la connaissance de leurs équipes.

Atteindre la performance, c'est encourager le collectif et décourager le vedettariat, c'est inciter chacun à progresser, à donner le meilleur de lui-même au profit de la collectivité, du projet, de la mission, lui témoigner une réelle attention.

Si les primes, les promotions et les récompenses ont une efficacité certaine pour motiver les individus, elles ne suffisent pas à fidéliser. L'ambiance de travail, l'intérêt du métier, le sens du projet sont des facteurs de motivation tout aussi, voire plus importants. La pyramide de Maslow permet de comprendre le jeu complexe de la motivation humaine.

R comme responsabilités et comme…

Rassemblement

« *Les murs de la cité ne sont pas faits de pierres, mais des hommes qui la composent.* » Platon.

La jalousie est une tendance naturelle de l'être humain qui, en le conduisant à se positionner par comparaison à l'autre, se traduit par un sentiment d'insatisfaction, de frustration, voire d'injustice. Ce sentiment d'injustice libère des énergies négatives importantes qui peuvent être destructrices pour la cohésion de l'équipe si elles ne sont pas rapidement maîtrisées.

Souvent, ce sentiment d'injustice provient de rumeurs, de faits non établis, tronqués voire manipulés. Il arrive aussi qu'il soit fondé. Dans les deux cas, il faut réagir très vite.

L'autorité d'un chef se mesure à l'aune de sa capacité à faire taire les rumeurs, à gérer les différents avec détermination et équité, et à appliquer les lois et les règlements sans faiblesse pour rassembler l'équipe autour de valeurs qui transcendent les jalousies.

Réactivité

« *On commande avec ses pieds et son cœur, pas avec son ordinateur.* »

Certains signaux, même de faible intensité, sont révélateurs de tensions ou d'inquiétudes qui par accumulation peuvent générer une crise.
Toute absence de prise en compte de ces signaux peut avoir des conséquences lourdes sur la performance de l'équipe. Il faut donc savoir les percevoir en se fixant des repères précis : les visages se ferment, untel n'a plus le même comportement, plusieurs petites erreurs ont été commises au cours des derniers jours, le nombre des petits accidents du travail augmente, dans tel secteur plus personne ne prend le soin de signaler tel ou tel défection matérielle …
Tous ces signes sont des indices qu'il faut savoir observer par une présence régulière sur le terrain, au plus près de l'équipe. Les sous-estimer peut conduire à une crise plus grave. La règle de base est simple : rien n'est anodin, ni le robinet qui fuit, ni l'accident de travail, ni le coup de colère soudain d'un membre de l'équipe.

Respect

«Il ne faut point juger les hommes par ce qu'ils ignorent, mais par ce qu'ils savent, et par la manière dont ils le savent. » Vauvenargues.
Le respect, c'est le refus du mépris et de l'indifférence, le rejet de la suffisance. C'est le choix de comprendre les autres plutôt que de refuser leurs différences, celui de respecter leurs idées et de valoriser leur travail. C'est leur ouvrir de véritables espaces de liberté, encourager la prise de responsabilité à tous les niveaux, faire du crédit d'intention plus que du procès d'intention. C'est aller à la rencontre de tous, tirer chaque membre de l'équipe vers le haut en l'amenant à dépasser ses craintes.
Le respect c'est aussi celui que l'on se doit à soi-même et à la fonction qui nous est confiée. On vous parlant de dignité je vous ai dit qu'il fallait s'interdire de faire porter

aux autres le poids de ses doutes et de ses craintes. Un chef doit savoir se protéger, sans pour autant être isolé. Sa force de caractère doit être généreuse, respectueuse des autres et de sa fonction. Le respect est à double sens. Sans être une barrière, il doit permettre à chacun d'être à sa juste place dans la hiérarchie des fonctions.

Sans hiérarchie, il n'y a pas d'action efficace. Cependant, trop de hiérarchie nuit à la créativité et à la réactivité, mais trop peu de hiérarchie de la même manière nuit à la performance de l'équipe en libérant les comportements individualistes. Le respect de la hiérarchie librement consenti conduit à agir ensemble moins par contrainte que par respect mutuel des qualités de chacun.

Conclusion

Cette présentation je l'espère vous aura permis de comprendre qu'être officier, c'est avant tout mobiliser des énergies et des compétences humaines pour accomplir la mission confiée à la formation à laquelle on appartient.

Pour atteindre ce but, il vous faudra garder l'esprit ouvert, être à l'écoute des hommes et des femmes avec qui vous serez amenés à travailler, agir dans le sens de l'intérêt général, vous adapter aux évolutions de la société et de votre environnement sans jamais perdre le cap, celui de la mission.

En tant qu'officier, vous aurez à assumer un devoir de décision, de dialogue et de dignité, une éthique d'écoute, d'équipe et d'esprit, un pouvoir de pédagogie, de personnalité et de performance et enfin des responsabilités de rassemblement, de réactivité et de respect.

Bien plus que l'application de règles apprises à l'école, votre capacité à être un bon capitaine médecin major dépendra de la manière dont vous saurez gérer la savante alchimie du savoir, du savoir être et du savoir-faire mais aussi du faire savoir qui fait les grands capitaines.

POLITIQUE RH

« La politique des ressources humaines de la marine »
Intervention devant le jury du DRH de l'année 2012
Paris, avril 2012

–

La fonction de DRH de la marine nationale amène, comme tout DRH, à recruter, à former, à gérer les emplois, les compétences, les parcours professionnels, à déceler les hauts potentiels, à veiller au respect de la diversité et à l'égalité des chances, à faciliter la mobilité professionnelle en accompagnant les départs et en conduisant une politique active de validation des acquis de l'expérience, à rémunérer, à développer des outils d'information et de contrôle de gestion (SIRH), à prévenir les risques sociaux et psychosociaux par le biais d'un dialogue social interactif et d'un accompagnement de proximité des attentes sociales des marins et de leurs familles, tout en inscrivant la fonction RH au cœur de la stratégie de la marine en y associant les managers (le commandement) et les instances de direction générale (COMEX). La marine nationale *étant l'une des filiales du groupe défense, lui-même filiale du groupe France et Europe,* il faut aussi inscrire son action dans un espace tridimensionnel : interarmées, interministériel et international.

Carte d'identité RH de la marine en 2012

- 44 000 marins, dont 40 000 militaires et 4 000 civils.
- Une masse salariale de 2,5 G€ (un marin = 50k€/an, pensions incluses).
- 15% de femmes.
- Moyenne d'âge des militaires 32 ans, des civils 44 ans.

- 3 000 recrutements et 3 800 départs de militaires par an (déflation de 4 800 postes militaires et 1 200 postes civils entre 2008 et 2014). Seulement 15% des départs se font en limite d'âge. Tous les autres sont consécutifs à des non-renouvellements de contrat (67% des marins sont contractuels) et des aides au départ.
- 80% des marins quittant la marine retrouve un emploi dans l'année qui suit leur départ.
- Durée moyenne des services 15 ans.
- 15 000 marins en formation, 23 jours par marin et par an en moyenne.
- Plus de 50 métiers et 1 000 qualifications à entretenir.
- 21 000 marins militaires affectés en unités opérationnelles.
- 5 000 marins militaires déployés en permanence, soit 120 jours d'absence par marin et par an en moyenne.

Une dynamique de flux

Ce qui caractérise tout particulièrement la fonction RH de la marine, c'est sa dynamique de flux. L'exercice du métier des armes et la vie à bord d'un navire de combat, d'un sous-marin ou dans une unité de commandos marine ou une flottille de l'aéronautique navale suppose des gens jeunes et en bonne santé. De fait la moyenne d'âge à bord des navires est de 29 ans. Près de 60% des marins sont des contractuels qui passent environ 12 ans dans la marine avant de rejoindre le secteur privé ou public. Un peu moins d'un tiers quittent la marine un peu plus tard, au bout de 17 à 19 ans de carrière. Moins de 15% des marins d'une cohorte annuelle font une carrière longue. D'où un flux permanent de recrutement - environ 3 000 par an - et de départ - environ 3 800 par an - afin d'assurer la déflation des effectifs de la marine qui, au titre de la révision générale des politiques publiques (RGPP) doit fermer 6 000 emplois militaires et civils entre 2008 et 2014.

Cette dynamique de flux s'applique également à la carrière du marin qui, entre son entrée dans la marine et son départ, doit sans cesse progresser en compétence et responsabilité. Cela se traduit par une mobilité et une formation professionnelle continue, cadencée par l'accès à différents niveaux d'expertise : brevet d'aptitude technique, brevet supérieur, certificat de qualification supérieure et brevet de maîtrise pour les non officiers, brevet technique de spécialité, brevet d'enseignement militaire supérieur de deuxième puis de troisième niveau pour les officiers.

Le recrutement

Les 3 000 recrutements par an couvrent un spectre très large de niveaux de formation, du mousse de 16 à 18 ans de niveau troisième ou CAP, à l'officier intégrant l'Ecole navale après deux années de classes préparatoires scientifiques, en passant par une grande majorité de candidats de niveau BAC à BAC plus trois – BTS et IUT notamment. Le défi du recrutement pour la marine est d'autant plus délicat à gérer qu'il faut alimenter une multitude de micro viviers de compétences, des plus simples au plus complexes. La marine c'est en effet plus de 50 métiers, du cuisinier au pilote de chasse embarqué en passant par le commando marine et l'atomicien, et plus de 1 000 certificats d'expertises. Le service de recrutement de la marine s'appuie sur le réseau national des centres d'information et de recrutement des forces armées (CIRFA) commun aux trois armées, et travaille en étroite coopération avec les missions locales d'insertion professionnelle des jeunes, les centres d'information et d'orientation de l'éducation nationale, les agences de pôle emploi et tout un réseau d'acteurs du recrutement. Il s'appuie également sur le service de psychologie de la marine qui intervient dans la sélection des candidats au recrutement, puis régulièrement dans la suite de la carrière pour l'accès à certains métiers et aux cours de formation continue, ainsi que sur le centre de suivi des ressources humaines de la marine qui assure une veille sociologique continue sur les cohortes de marins.

Le recrutement est bien la première des fonctions stratégiques du cycle des RH. Il est un contrat *éthique* entre l'employeur et l'employé. Il s'agit pour l'employeur de donner dès le processus d'embauche au futur employé l'ensemble des informations qui vont lui permettre d'être l'acteur de son emploi, en lui en donnant tous les attendus. Il faut que le futur employé ait une vision claire de ce que l'on attend de lui, du savoir et du savoir-faire nécessaires aux tâches qui lui seront confiées, mais aussi du savoir être et à plus long terme du faire savoir, celui de la transmission et du compagnonnage. C'est ce que j'appelle *les quatre pieds de la chaise du savoir*. Si dès l'embauche cette vision des quatre pieds de la chaise du savoir n'est pas clairement indiquée, le risque de désenchantement et de démobilisation est grand.

C'est ce qui me fait dire qu'un contrat d'embauche est bien plus qu'un simple contrat de droit commun, qu'il engage éthiquement dans la durée la relation à son emploi de l'employé, et celle de l'employeur et de l'employé. La confiance, la transparence en sont les clés. Toute dissonance entre le discours du recrutement et la réalité des conditions de l'emploi à tenir aura de grave répercussion sur l'adhésion au projet de l'entreprise et sur la performance au travail des employés, en particulier s'ils se sentent floués ou trahis au regard des promesses faites lors du recrutement. Il faut donc veiller à la cohérence entre le discours du recrutement et la réalité des conditions de l'emploi dans la durée.

La formation

Une fois recruté, le marin reçoit une formation initiale au cours de laquelle on lui apprend les règles de la vie embarquée en équipage, celles de l'hygiène et de la sécurité du travail dans l'univers particulier d'un navire de combat, puis celles de sa spécialité professionnelle. D'une durée variable selon le niveau de recrutement et la filière professionnelle du jeune recruté, cette formation de quelques semaines à quelques mois est en permanence adaptée grâce à un dialogue étroit avec les employeurs. Elle prépare à un premier niveau d'emploi pour une période de trois à cinq ans en moyenne. Par la suite le marin est soumis à une formation professionnelle continue, elle aussi régulièrement adaptée aux besoins des employeurs, qui lui permet de progresser en compétences et responsabilités professionnelles et managériales.
C'est ce que j'appelle *l'escalier social* et non *l'ascenseur social*. Tout marin, s'il en a la volonté et les capacités, peut gravir les marches de cet escalier. Il doit être l'acteur de sa carrière et ne peut pas durablement rester au même niveau d'emploi. C'est ce qui explique que les marins passent en moyenne 23 jours par an dans les écoles de la marine, ce qui représente un effort financier important, mais vital pour la performance de la marine. Mettre en œuvre 12 réacteurs nucléaires, dont dix parfois à plus de 300 mètres d'immersion sous les océans, des avions de type Rafale qu'il faut poser sur une piste de 75 mètres qui avance, roule et tangue au gré des vagues, des hélicoptères, des missiles, des torpilles, des bombes et des obus qui contiennent plusieurs kilos d'explosifs, des équipements souvent très sophistiqués de navigation, de sécurité, de plongée, de vol, de détection, de communication et de transmission de données chiffrées, nécessite à l'évidence des formations adaptées.

Pour maîtriser le coût global de ces formations, la marine a choisi de développer des partenariats public-privé avec les principaux industriels du secteur naval et du monde maritime et militaire en intégrant dans une même vision la formation, l'entraînement, la préparation et le maintien de la condition opérationnelle des équipages et des équipements, ainsi que l'accompagnement des programmes navals d'exportation.

La gestion des emplois et des compétences

Avec près de 5 000 cadres supérieurs, de 25 000 cadres de contact et techniciens supérieurs et de 10 000 opérateurs militaires, la marine est une organisation à dimension humaine, ce qui permet de suivre quasi individuellement chaque marin, notamment les plus qualifiés.
La gestion des emplois et des compétences repose sur une chaîne RH maillée au plus près des employeurs et des employés. Placés auprès des responsables des forces et des services *(équivalents des divisions, secteurs ou réseaux et des business units)* les gestionnaires RH dialoguent en permanence avec l'ensemble des employeurs pour répondre au mieux à leurs attentes. La DRH groupe fixe les grandes lignes de la politique RH, les règles communes d'évaluation, de notation, d'avancement, de récompenses, de sanctions, de rémunération, d'accès à la formation continue, les normes d'aptitudes médicales à certains emplois, mais aussi, en liaison avec le siège - l'état-major de la marine - le nombre et le niveau des emplois ouverts dans chaque entités.
Un dialogue continu entre la DRH groupe, les gestionnaires placés auprès des forces et des services et les autorités de ces entités - dialogue d'employeur à pourvoyeur - permet le suivi individuel des compétences et des emplois, notamment dans les domaines les plus

critiques (atomiciens, pilotes de chasse embarqué, nageurs de combat, etc.).

Ce qui a caractérisé la période de ces trois dernières années (2009-2012), c'est d'une part la multiplication des employeurs interarmées et internationaux - organismes interarmées issus de la RGPP et participation à l'OTAN -, d'autre part l'arrivée de nouveaux navires à équipages optimisés et de nouveaux matériels - drones, missiles de croisière naval etc. Il faut anticiper ces nouveaux métiers et nouveaux modes de mise en œuvre des navires à la mer, et adapter progressivement l'organisation du travail, la formation professionnelle, la gestion prévisionnelle des emplois et des compétences. Cette dernière prolonge l'éthique du contrat d'embauche.

Dès lors que l'employé, acteur de sa carrière, respecte les termes du contrat d'embauche et démontre une volonté de progresser, d'acquérir de nouvelles compétences, de s'adapter aux évolutions de son emploi dans un dialogue confiant et transparent avec son employeur, tout est possible. L'escalier social, celui que l'employé gravira marche à marche avec le soutien et les encouragements de son employeur sera le meilleur garant non seulement de la satisfaction individuelle de l'employé, mais aussi de la performance de l'entreprise. L'individuel et le collectif se rejoindront d'autant plus facilement que l'employeur aura à cœur de régulièrement redonner du sens au projet de l'entreprise et au rôle de l'employé dans ce projet. Chaque employé doit avoir une conscience aussi claire que possible de son rôle dans le projet.

Dans la marine c'est ce que nous appelons *les maillons de la chaîne d'équipage*. Les principes en sont clairs : aucun maillon ne peut défaillir, et on ne sort pas du plateau le maillon faible, bien au contraire on fait tout pour l'aider à tenir son rôle. Chaque maillon peut progresser en responsabilités s'il s'en donne les moyens et s'adapte aux évolutions continues des techniques, donc des emplois. La gestion prévisionnelle des emplois et des carrières couvre bien ces deux aspects : le suivi individuel des capacités de chaque employé, et celui de l'évolution continue des compétences nécessaires. D'où la nécessité d'un SIRH capable d'intégrer ces évolutions de manière proactive.

La détection et le suivi des hauts potentiels

Contrairement au secteur privé qui peut faire appel à des cabinets de *chasseurs de têtes* pour identifier et embaucher des cadres à haut potentiel, il faut *fabriquer* cette ressource au sein de la marine à partir du recrutement initial en officiers.
Ainsi, tous les cinq ans environ, chaque officier est reçu par son gestionnaire pour un entretien dit *plus trois* (trois ans dans le grade) au cours duquel lui sont exposés tous les paramètres de sa situation professionnelle : évaluation, classement dans sa cohorte, compétences développées et prévisions d'emploi et de mobilité professionnelle. L'intéressé peut au cours de cet entretien exprimer tous les éléments de sa situation personnelle s'il le souhaite, et réagir aux éléments professionnels qui lui sont présentés.
Lorsqu'il rejoint le groupe des officiers appelés aux emplois supérieurs (généralement après quinze ans de service, soit vers l'âge de 35 ans), il passe un bilan *360°* dans un cabinet expert puis, avant une éventuelle orientation vers le vivier des très haut potentiel cinq à six ans plus tard, une évaluation sur deux jours dans ce même cabinet expert. Suivi pendant six à huit ans, il est testé dans des postes exposés avant d'être sélectionné pour les postes d'officiers généraux.
Le DRH reçoit personnellement en entretien tous les officiers classés dans le vivier haut potentiel, soit environ cinquante officiers chaque année. Une attention particulière est portée à la carrière des femmes afin d'éviter les effets d'éviction possibles d'un parcours

qualifiant de haut potentiel du fait des interruptions de carrière pour congés de maternité.

Enfin, une démarche comparable est conduite en partenariat avec la DRH du ministère de la défense pour les cadres civils de la marine.

La gestion des départs et la validation des acquis de l'expérience

Plus de 80% des marins quittant la marine retrouvent un emploi dans l'année qui suit leur départ, et tous ceux qui souhaitent se lancer dans une deuxième carrière professionnelle en moins de deux ans.

Ce qui fait la valeur du marin c'est la maîtrise des quatre savoirs (les quatre pieds de la chaise des savoirs) - savoir, savoir-faire, savoir être et faire savoir -, qui lui permet une adaptation rapide à un nouvel environnement professionnel et l'intérêt des recruteurs en quête d'une ressource rare en cadres de contact aptes au management d'équipes.

La DRH de la marine entretient des liens actifs avec de nombreux employeurs pour faciliter le reclassement de ses cadres et techniciens supérieurs, en s'appuyant sur l'agence de reconversion de la défense mais également sur un réseau d'associations d'anciens marins. Elle mène également une politique de validation des acquis de l'expérience (VAE) très active en faisant reconnaître les formations et les expériences professionnelles des marins via le répertoire nationale des certifications professionnelles (RNCP).

Cette démarche de VAE permet également la progression et la mobilité professionnelle interne. Chaque année, près de 200 dossiers de VAE permettent à des marins de consolider leurs acquis professionnels, voire de se réorienter.

La politique de rémunération

La masse salariale de la marine est de 2,5 milliards d'€, soit une moyenne de rémunération annuelle de 50 kilos € par marin, incluant les cotisations sociales et salariales et celles des pensions de retraites. Les salaires des marins sont calés sur les grilles indiciaires de la fonction publique, enrichis d'un système indemnitaire très complet qui compense les nombreuses sujétions et prises de risque dans l'exercice de leurs différents métiers. La part indemnitaire peut représenter jusqu'à plus de 40% du salaire d'un marin.

A emploi égal, l'égalité des salaires est la base, aucune distinction n'étant faite entre hommes et femmes. Un dialogue continu entre le DRH de la marine et celui du ministère de la défense via l'état-major des armées permet de négocier les mesures indemnitaires et le calage des grilles indiciaires par catégories d'emplois.

Enfin, un système d'information des ressources humaines (SIRH) récemment développé et directement raccordé au logiciel Louvois de paye des militaires permet un traitement automatisé de la rémunération de chaque marin. Une prochaine étape est prévue en 2016 avec la mise en place d'un SIRH unique commun à l'ensemble des agents du ministère de la défense qui sera raccordé à l'opérateur national de la paye en cours de développement.

L'égalité des chances et la diversité

La marine mène depuis de nombreuses années une politique d'égalité des chances destinée à favoriser la mixité sociale et à développer les valeurs de citoyenneté. Dans ce cadre, elle est un partenaire actif du plan égalité des chances du ministère de la défense, travaille au sein des réseaux locaux d'insertion professionnelle, participe aux actions en faveur de l'apprentissage, propose à des jeunes une première expérience professionnelle, soit via l'école des mousses pour les mineurs de 16 à 18 ans, soit via des classes préparant à un bac professionnels, soit encore en partenariat avec des groupes comme DCNS ou SUEZ Environnement (100 permis pour l'emploi). Elle veille dans toutes ces actions à ne faire aucune discrimination positive.

Le dialogue et la politique sociale

Le dialogue social, appelé concertation puisqu'il ne repose pas sur des organisations syndicales, est très complet : Rapports sur le moral, conseil de la fonction militaire marine et conseil supérieur de la fonction militaire, réseau des présidents de catégorie et des correspondants du personnel, cycle des commissions participatives dans chaque unité.

Cette veille sociale s'appuie principalement sur les cadres de proximité et les travaux du service de psychologie de la marine ainsi que ceux du centre de suivi des ressources humaines de la marine. Il permet au COMEX d'être en permanence informé de l'état d'esprit des marins.

Par ailleurs, le DRH effectue chaque année une *tournée des ports* au cours de laquelle il rencontre les marins à l'occasion de tables rondes et prononce des conférences d'information sur les sujets de l'actualité RH de la marine.

Un *réseau social* sur l'Intranet de la marine (dans les faits un outil de travail collaboratif ouvert aux marins des instances de concertation) et des blogs permettent également de nombreux échanges directement avec la DRH et même le chef d'Etat-major de la marine. Chaque marin a ainsi accès via le réseau Intranet de la marine à plusieurs centaines de questions-réponses sur des sujets RH ou d'actualité générale de la marine nationale.

Autre action permanente, celle de l'accompagnement des familles des marins morts ou blessés en opération. Pour l'accompagnement de ces cas délicats, la marine s'appuie notamment sur une cellule spécialisée- la cellule d'aide aux blessés, malades et familles de la marine (CABAM) – et le réseau de l'action sociale des armées.

Par ailleurs, un *comité d'entreprise* permet l'accès à un réseau d'établissements hôteliers et à des prestations de loisir via des partenariats avec différents opérateurs de ces secteurs, le marin bénéficiant de prix préférentiels pour accéder à ces services.

La marine mène également une politique très active d'accompagnement du célibat géographique en entretenant des partenariats avec des compagnies de transport aérien, des sociétés de location immobilière et des prestataires de service à domicile. Dans les grands ports, elle dispose de places en crèches pour faciliter l'éducation des jeunes enfants. De même, elle entretient avec les réseaux locaux de Pôle emploi l'accès à l'emploi des conjoints ayant suivi le marin dans sa ville d'affectation.

En 2005 la marine a été la première administration de l'Etat à faire appel à une société de cotation de son engagement sociétal (RSE). Cette enquête reconduite fin 2012 va permettre de voir le chemin parcouru en sept ans.

Pour entretenir la fierté d'appartenance, la marine a mis en place en 2009 deux plans de maintien de la force morale des marins baptisés *être marin* et *être combattant* qui font référence aux valeurs fondatrices de la marine, notamment celle de l'engagement, de la préparation mentale et physique au combat sur mer et de l'esprit d'équipage. Quatre mots résument ces valeurs : *Honneur, Patrie, Valeur et Discipline*. Ils sont déclinés dans ces plans qui sont mis en œuvre directement dans chaque force et services au travers d'actions très concrètes : entraînements physiques, conférences et dialogues sur les valeurs, enseignement de l'éthique. Chaque nouveau recruté reçoit un *livret du marin* dans lequel ces valeurs sont commentées.

Enfin, la marine compte 4 000 marins civils principalement employés dans les services de soutien opérationnel. Ces marins sont représentés via les organisations syndicales avec lesquels la DRH entretient des relations continues dans le cadre du droit syndical. Ils bénéficient des prestations précitées.

L'apport du SIRH aux RH

Confrontés au besoin d'une vision stratégique des RH comme source première de la performance d'une entreprise, les DRH pour anticiper et piloter les changements, gérer les richesses et raretés humaines, les fidéliser, les motiver, les faire progresser tout en maîtrisant la masse salariale ont besoin d'un SIRH performant.
Pour être au service des RH, un SIRH doit répondre de manière souple à ces besoins en apportant non seulement une vision instantanée de la situation RH de l'entreprise – nécessité d'un solide reporting pour piloter les RH sur des données valides – mais aussi une vision prospective – préparer les évolutions à court, moyen et long termes. La puissance des outils numériques sur lesquels s'appuient les SIRH les plus récents permet cette double vision, dès lors que le cahier des charges et celui des clauses techniques ont été clairement établis.
Au-delà, un SIRH bien conçu permet la dématérialisation de nombreux actes RH, une réactivité plus grande dans la prise en compte de certains de ces actes, un pilotage effectif de la masse salariale et des flux financiers liés aux fonctions RH (recrutement, formation, gestion des emplois, reclassement, innovation sociale), et une vision globale des enjeux RH. Outil d'aide à la décision et au pilotage, il doit pour être au service des RH et de la performance de l'entreprise rester évolutif et souple d'usage. C'est le véritable défi du SIRH : ne pas rigidifier les processus RH par une vision trop technocratique et

technique. Pour relever ce défi, le dialogue entre experts des SI et experts des RH doit être permanent, confiant et concret. L'excellent ouvrage publié il y a un an par le cercle SIRH intitulé *Le SIRH, enjeux, projets et bonnes pratiques* apporte de précieuses clés de compréhension de cet impératif.

La fonction RH au cœur de la stratégie de la marine

Le DRH de la marine est membre du conseil stratégique de la marine qui réunit le chef d'état-major (PDG), le major général (DG) et le DRH. Il est également membre du conseil supérieur de la marine qui réunit tous les grands responsables de la marine (9 amiraux) afin de valider la sélection des amiraux et les grandes orientations stratégiques de la marine (organisation et grands programmes d'équipements). Il est aussi membre du COMEX et du conseil des grands managers (commandants d'arrondissements et de forces). Les RH sont au cœur des réflexions de toutes ces instances de gouvernance de la marine. Par ailleurs, deux fois par an, le DRH réunit les comités du personnel qui permettent de faire le point des dossiers RH de chaque force et service et de suivre les actions décidées en comité. Toutes ces actions sont également suivies à travers un dispositif de contrôle de gestion partagé au niveau du ministère de la défense.

STRATEGIE

« Stratégie militaire et stratégie d'entreprise »
Institut de Formation du Crédit Agricole
et Ecole supérieure de commerce de Chambéry,
2007, 2008

—

APPROCHE GENERALE DE LA STRATEGIE

Définition de la stratégie

Etymologiquement, la stratégie vient des mots grecs stratos qui signifie armée, et ageîn qui signifie conduire. Elle est définie dans les dictionnaires comme l'*Art de faire évoluer une armée sur un théâtre d'opérations jusqu'au moment où elle entre en contact avec l'ennemi,* ou comme *un ensemble d'actions coordonnées et de manœuvres en vue d'une victoire.*

Contrairement à la tactique, dont l'enjeu est local et limité dans le temps (gagner une bataille), la stratégie a un objectif global et à long terme (gagner la guerre).

Pour les décideurs politiques, elle est l'art de coordonner l'action de l'ensemble des forces politiques, économiques, judiciaires, militaires, sociales et morales de la nation pour garantir sa sécurité, gérer une crise, conduire une guerre ou préserver la paix, en fonction de ses forces et faiblesses et des menaces et opportunités du contexte international du moment. Conjugaison de la pensée et de l'action, elle est ce qui lie le tout, ce qui donne de la cohérence et de la puissance au projet politique, et à l'action qui en découle.

Les militaires, dans la mise en œuvre de la stratégie de guerre et paix définie par les décideurs politiques de la Nation, distinguent trois niveaux dans l'art de combiner les moyens et les ressources qui leurs sont attribués au regard des menaces et des opportunités qui existent dans la zone des opérations où ils doivent agir :
- Le niveau stratégique, qui se situe au plus haut niveau de l'État et s'incarne dans un dialogue itératif entre responsables politiques, diplomatiques, judiciaires et militaires.
- Le niveau opérationnel, qui se situe entre le haut-commandement militaire et le commandant d'un théâtre d'opération.
- Le niveau tactique, qui se situe au plus près du terrain, entre le commandant d'unité engagé dans une action particulière et sa troupe.

Dans le monde de l'économie, le terme de stratégie fait l'objet de nombreux débats, sans jamais faire l'unanimité. Souvent présentée comme un mode de prise de décision, de détermination des buts et objectifs à long terme de l'entreprise et d'allocation des ressources, la notion de stratégie d'entreprise reste en débat entre ceux qui pensent que les principes de la stratégie militaire sont identiques à ceux de la stratégie d'entreprise et ceux qui, à l'inverse, estiment qu'il convient de distinguer les deux mondes.

Au cours de cette rencontre, je vais m'efforcer de vous convaincre que la stratégie étant *l'art subtil qui consiste à conjuguer en permanence de nombreux paramètres internes et externes en vue de faire aboutir un projet commun, projet reposant sur des valeurs partagées qu'il convient de promouvoir et de défendre afin d'assurer la pérennité du groupe*, il n'y a pas lieu de distinguer la stratégie militaire de la stratégie d'entreprise.

Je suis pour ma part convaincu que la stratégie s'applique à tous les domaines de l'activité humaine et se fonde sur quelques grands principes communs à l'humanité. C'est ce que je vais tenter maintenant de vous démontrer.

Principes de la stratégie

La stratégie puise ses principes dans deux caractéristiques clés de la nature humaine : l'angoisse et l'impatience (enseignement de l'amiral Guy Labouérie, directeur de l'école supérieure de guerre navale de 1990 à 1992[34]).

L'angoisse, qui s'exprime indifféremment par la peur, la colère, la déprime, l'excitation et la violence, est le résultat de l'incapacité naturelle de l'homme à admettre l'incertitude. Elle est pourtant la clé de la vie, puisque qui dit vie, dit mort, et nul ne connaît l'instant de la mort avec précision. Au-delà de la peur de la mort, et parce qu'il est doué d'imagination, l'homme se crée régulièrement des angoisses en cherchant à savoir ce qui va lui arriver, ce que vont faire ses partenaires et ses adversaires. Dès lors, maintenir l'incertitude est la meilleure façon de déstabiliser un concurrent ou un adversaire en laissant le plus longtemps possible planer le doute sur ce que l'on va faire. A ce titre elle est le premier principe de la stratégie.

L'impatience, qui s'exprime également indifféremment par la peur, la colère, la déprime, l'excitation et la violence, est le résultat de l'incapacité naturelle de l'homme à admettre sa finitude, laquelle s'inscrit dans un espace-temps donné que l'homme aimerait rendre éternel. Le rapport au temps est pour l'homme source de violence

---

[34] Membre de l'académie de marine, auteur de nombreux ouvrages dont *Penser l'Océan avec Midway* paru en novembre 2007, éditions L'esprit du livre.

mais aussi de foudroyance. Elle consiste, lorsque l'incertitude ne suffit plus à éviter l'affrontement avec le concurrent ou l'adversaire, à le surprendre et le déstabiliser dans ses habitudes, à perturber ses rythmes, son temps. La foudroyance est ainsi l'autre principe de la stratégie.

Le stratège est donc celui qui sait conjuguer habilement les deux principes de la stratégie, *l'incertitude et la foudroyance*, conjugaison dont le monde animal apporte un exemple particulièrement instructif lors du combat qui met face à face la mangouste et le cobra. Pendant de longues minutes la mangouste se balance au rythme des mouvements du cobra qu'elle fixe dans les yeux puis, très lentement, décale imperceptiblement ce lancinant mouvement d'oscillation sans quitter le regard du cobra pour enfin, de manière foudroyante, le saisir à la gorge, profitant du décalage qu'elle a ainsi peu à peu créé. Le stratège est mangouste !

Attitudes stratégiques

Au-delà des deux principes de la stratégie, analysons maintenant les quelques attitudes qui doivent guider le stratège dans sa réflexion et son action.

Se connaître

Pour pouvoir aller sans risque de perte de soi à la rencontre des autres, entrer dans un rapport stratégique et conduire un projet, il faut avant tout chose se connaître non seulement soi-même en tant qu'individu, mais aussi soi en tant que groupe : quelles sont mes forces et mes faiblesses, celles de mon groupe, quelles valeurs motivent et guident mon action et celle de mon groupe, quelle est ma capacité à faire face à tel ou tel événement et celle de mon groupe. Sans cette analyse objective de sa situation personnelle et collective au sein d'un groupe, le risque est grand de se lancer dans des projets voués à l'échec par défaut de prise en compte de ses vulnérabilités comme de ses atouts.

Connaître l'Autre

Pour Sun Tzu[35], le sommet de l'excellence dans l'art de la stratégie guerrière est de subjuguer l'adversaire sans le combattre directement, en utilisant les ruses et stratagèmes de l'incertitude pour désamorcer sa violence : « *Il est d'une importance suprême dans la guerre d'attaquer la stratégie de son ennemi.* » Ainsi, la stratégie n'est pas bonne en soi, elle ne l'est que par rapport à celle d'un concurrent ou d'un adversaire. Sun Tzu précise à cet égard qu'on ne se bat pas contre un adversaire, mais contre sa stratégie. La première chose à faire pour le stratège est donc de connaître de la manière la plus précise possible les stratégies que tentent de développer ses concurrents et ses partenaires potentiels.

Voir la réalité

Le réel, c'est précisément ce qui échappe le plus souvent à l'homme Sa nature le conduit en effet à interpréter les faits du monde qui l'entoure en fonction de ses propres perceptions alors qu'il devrait s'efforcer de ne s'en tenir qu'aux faits eux-mêmes, à la réalité des situations, sans les juger au point de les transformer. Pour voir le réel, l'homme doit se garder de sa capacité à confondre le réel et l'image qu'il s'en fait sous la pression de ses sentiments, de son émotivité. Ce combat contre sa

---

[35] Général chinois auteur d'un traité sur *l'Art de la guerre* daté du Vème siècle avant JC

subjectivité affective ou émotive est pour le stratège un défi permanent.

Mesurer les risques

Le risque est la possibilité que tout ou partie du projet échoue. Dans l'analyse des risques qui pèsent sur le projet, le stratège doit veiller à les identifier, à les formuler clairement, à les hiérarchiser puis à établir un plan d'action pour les maîtriser en évaluant les conséquences de ce plan sur la réalisation du projet. Cela revient en fait à tenter de limiter l'inconnu en connu au fil d'un questionnement entêtant : *et si, et si, et si, et si, et si, etc.* en fait à se faire peur pour avoir moins peur. Nous retrouvons là le principe de l'incertitude !

Décider

Le coût de l'indécision est beaucoup plus important que celui du coût d'une erreur éventuelle. Une décision reste toujours un choix risqué entre plusieurs solutions possibles, une réponse parmi d'autres à un problème. Une fois prise, elle appartient au passé et rien ne sert d'y revenir : il faut avoir le courage de l'assumer tout en étant capable de changer de cap si l'analyse des risques montre qu'il y a danger à poursuivre la route tracée : « *il n'y a aucun mal à changer d'avis...pourvu que ce soit dans le bon sens.* » Sir Winston Churchill.

Veiller

Au-delà du besoin de percevoir la réalité pour bien mesurer les risques et décider à bon escient, le stratège se doit d'adopter une démarche volontariste et prospective d'acquisition permanente d'informations. Veiller c'est s'assurer de la pertinence et de la diversité des informations recueillies ainsi que de la crédibilité de leurs sources, c'est orienter la veille vers une ou des cibles bien définies, et c'est mettre en place un système d'exploitation de ces informations à la fois simple et rapide.

Synthèse de la première partie

La stratégie, *art subtil qui consiste à conjuguer en permanence de nombreux paramètres internes et externes en vue de faire aboutir un projet commun, projet reposant sur des valeurs partagées qu'il convient de promouvoir et de défendre afin d'assurer la pérennité du groupe,* repose sur deux principes, l'incertitude et la foudroyance, et suppose de la part du stratège six attitudes qui doivent le conduire à :
- se connaître,
- connaître l'autre,
- voir la réalité,
- mesurer les risques,
- décider,
- veiller.

Nous allons maintenant voir comment les outils d'aide à la décision stratégique développés au cours des siècles par les stratèges militaires puis économiques intègrent ces grandes données

L'ANALYSE STRATEGIQUE

Les précurseurs

Les premières méthodes d'analyse stratégique adaptées au monde de l'entreprise sont apparues dans les années 1960 aux États-Unis. La plus connue est celle baptisée LCAG (du nom de ses concepteurs américains de la Harvard

Business School, Learned, Christensen, Andrews et Guth en 1969). Elle s'appuie sur un modèle type d'analyse, souvent appelé SWOT, acronyme des termes anglais strengths (forces), weaknesses (faiblesses), opportunities (opportunités) et threats (menaces) qui consiste à analyser les forces et les faiblesses de la firme (analyse interne), afin d'évaluer sa capacité face aux menaces et opportunités de son environnement (analyse externe). La méthode SWOT s'inspire fortement de la pensée du stratège chinois Sun Tzu et des processus d'analyse de situation et de planification des opérations militaires développées dans les écoles de guerre sous l'impulsion de quelques officiers, notamment celle de l'amiral Raoul Castex dans les années 1930.

Un militaire franco-américain a joué un rôle majeur dans le rapprochement entre civils et militaires en matière d'analyse stratégique. Il s'agit de Georges Doriot[36], jeune officier d'artillerie qui quitte la France à la fin de la première guerre mondiale pour s'installer aux USA où il devient professeur de management à Harvard en 1926. En

---

[36] Georges Doriot, connu aux Etats-Unis sous le nom de Georges F. Doriot (1899, 1987) est un professeur de management et inventeur du capital risque. Issu d'une riche famille du nord de la France, il commença sa carrière dans l'armée, comme officier d'artillerie. Passionné par le management, une discipline alors naissante, il choisit de faire un MBA à Harvard où il devint finalement professeur. Il se fit naturaliser citoyen américain en 1940, et choisit de travailler dans l'armée américaine, atteignant le grade de général de brigade (*brigadier general*). C'est en 1946 qu'il révolutionna le modèle entrepreneurial en créant l'American Research and Development Corporation (AR&D), la première société de capital-risque. En 1957, conjointement avec d'autres personnes, il créa l'INSEAD et s'inspira du modèle des business school américaines bien plus que des écoles de commerce alors existante en France

1930, il fait partie de l'équipe des fondateurs du centre de perfectionnement aux affaires (CPA), premier organisme français de formation des cadres d'entreprises à la stratégie et aux techniques de management. L'enseignement dispensé au CPA s'appuie sur des études de cas transférées directement des écoles de guerre vers celui du monde des affaires. Naturalisé américain en 1940, Doriot rejoint l'US Army lorsque les Etats-Unis entrent dans le deuxième conflit mondial. Il est nommé brigadier général et prend la direction du planning militaire, organisme à l'origine de nombreuses innovations qui ont participé à la victoire des alliés : rationalisation des circuits d'avitaillement des troupes, conditionnement standardisé des rations de survie, mise en service de nouvelles matières textiles, plastiques et synthétiques résistantes au feu, à l'eau, au froid et à l'impact d'éclats utilisées pour les uniformes, les casques, les blindages etc. A l'issue de la seconde guerre mondiale, il retrouve Harvard et fonde la première société de capital risque en 1946 : l'american research and development corporation (ARD) qui a notamment donné naissance au groupe informatique Compaq. En 1957 il est l'un des fondateurs de l'INSEAD (institut européen d'administration des affaires installé à Fontainebleau et Singapour).

Approche comparée des méthodes d'analyse stratégique civiles et militaires

Les méthodes d'analyses stratégiques civiles et militaires s'appuient sur la confrontation objective (voir la réalité) entre une situation interne (se connaître) et une situation externe (connaître l'autre) qui conduit à l'établissement d'une balance entre menaces et opportunités (mesurer les risques) puis à la définition de scénarios stratégiques. Après sélection d'un de ces scénarios, des plans d'actions sont arrêtés et mis en œuvre (décider) et s'appuient notamment sur des systèmes de renseignement (veiller) pour s'assurer de leur bon déroulement et les réorienter si nécessaire.

L'analyse externe vise à étudier les menaces et opportunités auxquelles l'entreprise pourrait être confrontée. L'entreprise se situe au sein d'un secteur d'activité, c'est-à-dire d'un ensemble regroupant la totalité des entreprises qui participent, directement ou indirectement, à la production et/ou à la commercialisation de biens et de services pour satisfaire un marché cible. Étudier l'environnement de l'entreprise revient à comprendre les conditions de lutte entre acteurs d'un même secteur d'activité, compte tenu des évolutions de l'environnement de ce secteur.

De la même manière, dans le domaine militaire, l'analyse externe permet d'étudier les menaces et opportunités auxquelles les éléments militaires engagés - qu'ils soient terrestres, navals ou aériens - seront confrontés. Ces éléments se situent face à un ensemble d'adversaires et de partenaires potentiels dont les niveaux d'équipement, de formation et d'entraînement permettent de traiter ou non telle ou telle cible, et devront agir sur des théâtres d'opération dont les caractéristiques physiques et humaines (relief, aménagements, densité de peuplement, climatologie, etc.) détermineront les conditions de lutte entre acteurs.

L'analyse interne étudie les forces et faiblesses de l'entreprise. Il s'agit d'évaluer les chances qu'elle aura d'obtenir un positionnement favorable sur son secteur d'activité en fonction de son organisation, de son implantation sur le marché cible, de la réactivité de son organisation, de l'état de ses ressources humaines, financières, techniques etc.

De la même manière, l'analyse interne des forces et des faiblesses des éléments militaires qui seront engagés sur un théâtre d'opérations devra permettre d'évaluer leur capacité à remporter ou non la victoire au regard de leur organisation et de l'état de leurs ressources humaines et techniques.

L'intérêt de cette analyse en deux temps est de fournir au chef d'entreprise, comme au décideur politique et à un chef militaire, un ensemble d'informations à partir desquelles ils pourront décider d'une orientation stratégique.

La méthode de planification opérationnelle

La méthode d'analyse stratégique militaire, baptisée *méthode de planification opérationnelle* (MPO), distingue:
- Des acteurs, qu'ils soient alliés, neutres ou ennemis en y incluant l'opinion (les médias).
- Un espace-temps rythmé par des dates clés, des délais incompressibles, etc.
- Un lieu de l'action, caractérisé par différents paramètres physiques et humains.

Elle conduit à identifier le centre de gravité de chaque acteur, c'est à dire l'élément clé de sa stratégie, donc potentiellement son point le plus faible. Ainsi, durant la seconde guerre mondiale, les nazis construisirent des usines d'armement enterrées, constituèrent des stocks de matières premières et recrutèrent une importante main d'œuvre dont de nombreux savants et ingénieurs pour maintenir leur avantage technologique en matière d'armements stratégiques - sous-marins et avions à long rayon d'action, fusées V1 et V2, recherche atomique, systèmes de communication et de détection codés et sécurisés etc. Les alliés choisirent de bombarder les usines et les lieux de stockage de matières premières jusqu'au cœur du Reich et ne parvinrent à leurs fins qu'après plusieurs années d'efforts et de terribles destructions. S'ils avaient simultanément tari les sources d'approvisionnement du Reich en matières premières, et plus encore en main d'œuvre, notamment en savants et ingénieurs, la guerre aurait peut-être été écourtée! Ils n'ont traité qu'un des aspects du centre de gravité.

Une fois les centres de gravité identifiés, des modes d'action amis et ennemis sont élaborés puis confrontés afin de dégager le mode d'action ami le plus à même de conduire à la victoire, quel que soit le mode d'action choisi de son côté par l'ennemi. Dans l'élaboration de ces modes d'action, les grands fondamentaux de la guerre sont pris en compte, à savoir :
- La liberté d'action qui repose notamment sur la flexibilité du mode d'action choisi.
- La supériorité locale par la concentration des efforts en un lieu et un espace-temps donné pour atteindre le centre de gravité de l'adversaire.
- L'économie des moyens pour pouvoir durer le cas échéant.
- Le secret (principe d'incertitude).
- La surprise (principe de foudroyance).
- L'ascendant moral qui déroute l'adversaire et motive les troupes.

La méthode des forces de Porter

Dans le monde de l'entreprise, l'analyse SWOT est utilement complétée par l'analyse de PORTER qui replace l'entreprise dans son milieu concurrentiel en prenant en compte 5 forces (voire 6 dans le cas d'un marché public) :
- l'intensité concurrentielle,
- le pouvoir de négociation des fournisseurs,
- le pouvoir de négociation des clients.

- la menace des nouveaux entrants sur le marché,
- la menace des produits de substitution,
- l'action des pouvoirs publics.

Synthèse de la deuxième partie

Le rapprochement entre le monde civil et le monde militaire en matière de stratégie s'est progressivement affirmé entre 1930 et 1970. Il s'est notamment traduit par la création de méthodes d'analyse stratégique faisant appel aux mêmes principes généraux. Ces méthodes s'appuient sur la confrontation objective, dans un environnement donné, d'une situation interne et d'une situation externe.

Cette confrontation permet de dégager des forces et des faiblesses, des opportunités et des menaces, puis d'élaborer des modes d'action s'appuyant sur les grands principes de la stratégie, *l'incertitude et la foudroyance,* et sur quelques fondamentaux de l'action stratégique :
- la préservation de sa liberté d'action,
- la concentration de ses forces sur le centre de gravité de l'adversaire,
- l'économie de ses moyens,
- la préservation du secret,
- l'usage de la surprise,
- le maintien de son ascendant moral.

Ainsi, l'étude rapide des méthodes d'analyse stratégique développées au sein de l'entreprise et au sein du monde militaire montre une très forte similitude de l'approche de la stratégie par ces deux mondes.

Cependant, il n'est sans doute pas inutile de poursuivre cette réflexion en essayant de définir plus précisément ce qu'est l'entreprise et ce qu'est une armée (en l'occurrence la marine) puis de s'assurer que *les canons de la stratégie* s'appliquent bien aux deux mondes, l'économique et le militaire, ou au contraire s'il convient de moduler leur application selon que l'on agit dans l'un ou l'autre de ces mondes.

PARALLELE STRATEGIE D'ENTREPRISE – STRATEGIE MILITAIRE

Définition de l'entreprise

Une entreprise c'est d'abord un produit ou un service innovant, doté d'une forte identité. C'est ensuite une organisation des ventes et des achats, un contexte concurrentiel, une organisation opérationnelle, et un management performant de ses ressources humaines et financières. L'objectif prioritaire de l'entreprise est de gagner de l'argent pour assurer sa pérennité.

Les six piliers de l'entreprise sont de ce fait :
- *Un produit* : il doit être différent, innovant c'est à dire en avance sur celui des concurrents, compétitif (5 à 15% moins cher), posséder une identité (la marque), créer l'appétence des clients.
- *Des ventes et des achats* : créer la demande, fidéliser une clientèle et l'élargir, avoir une activité marketing évolutive et permanente (5 à 30% du coût du produit), décliner des produits dérivés pour élargir la clientèle sans oublier de fidéliser, donc de privilégier la clientèle captive. Rechercher les meilleurs fournisseurs, entretenir des liens confiants avec eux, négocier les marchés, faire jouer la concurrence.
- *Une concurrence* : au milieu du 20ème siècle, les ressources étaient encore rares et les territoires inoccupés ; au début du 21ème siècle, les ressources sont

abondantes, les territoires sont occupés, voire saturés pour certains ; la lutte concurrentielle des entreprises est permanente et brutale : économique, sociale, juridique, politique. Il faut savoir créer un avantage compétitif durable en s'appuyant sur un produit et une clientèle, en concentrant ses ressources humaines et financières sur cet avantage tout en développant en permanence l'innovation de produit et de service. Il faut marquer et copier les concurrents sans perdre son identité.
- *Une organisation :* il faut mettre en place une organisation du travail opérationnelle, réactive et efficace qui s'appuie sur des équipements performants, des chaînes de distribution et d'approvisionnement (achats) sûres, une administration souple. La productivité est essentielle et doit toujours progresser – 10 voitures par mois et par ouvrier en 1980, 40 en 2000… objectif 100 en 2020 ? Les achats doivent être maîtrisés.
- *Des ressources humaines :* une entreprise c'est avant tout un groupe d'hommes et de femmes qu'il faut fédérer autour du produit, du service, en développant leur fierté d'appartenance, une éthique forte des rapports sociaux et professionnels dans l'entreprise et avec les clients et fournisseurs, des conditions de travail modernes et confortables, une gestion des carrières juste et valorisante.
- *Des finances :* le but est de gagner de l'argent, mais il ne faut pas pour autant diriger l'entreprise sous ce seul aspect en donnant la priorité à la gestion financière. La gestion financière n'est qu'un outil parmi d'autres qu'il faut savoir utiliser *en bon père de famille*, sans se laisser aller à des spéculations hardies, boursières ou financières, au risque d'engager la pérennité de l'entreprise.

Définition de la marine nationale

Les forces armées génèrent un bien commun - la sécurité - difficile à appréhender en ces temps de paix prolongée dans nos pays d'Europe occidentale. Pourtant, chacun sait que lorsque survient un conflit, le désordre s'installe très rapidement, désordre dont les conséquences humaines, sociales et économiques, mais aussi environnementales, deviennent très vite catastrophiques. L'homme hélas est par nature violent ; il faut sans cesse veiller à tarir la source de cette violence, le plus tôt et le plus loin possible de nos centres d'intérêt vitaux.

La marine nationale est, avec les autres armées et les forces de sécurité et de protection civile, l'un des instruments dont se dote le pouvoir politique pour conduire son projet de paix, de défense et de sécurité des intérêts la nation. Doté d'une forte identité, c'est une communauté d'hommes et de femmes qui servent l'Etat en qualité de marins, c'est à dire de gens formés à l'action militaire et publique dans les espaces maritimes. Comme toute organisation humaine dédiée à un projet, en l'occurrence celui de la sécurité et de la défense des intérêts de la nation, elle est confrontée à une concurrence et doit s'appuyer pour faire face à cette concurrence sur une organisation opérationnelle et un management performant de ses ressources humaines et financières.

Les cinq piliers de la marine nationale sont de fait :
- *Un service public,* c'est à dire une administration dont les missions, les moyens et l'organisation sont fixés par le gouvernement. Elle agit au sein des espaces maritimes dans les domaines de la défense et de la sécurité. Le cadre de son action est délimité par le droit national et le droit international de la guerre. Son produit est assimilable à

celui d'un *contrat d'assurance vie* qui lie l'Etat aux citoyens.
- Elle n'a pas à assurer de *ventes* mais participe néanmoins activement à la promotion du savoir-faire national dans le domaine des hautes technologies maritimes et militaires.
- *Des achats* Rechercher les meilleurs fournisseurs, entretenir des liens confiants avec eux, négocier les marchés et faire jouer la concurrence, même si le marché de l'armement naval est très réglementé et piloté par les Etats.
- *Une concurrence* internationale entre Etats pour la maîtrise des espaces maritimes. La marine doit de ce fait être en mesure de faire face aux menaces qui s'expriment en mer (terrorisme maritime, trafics illicites - immigration clandestine, drogues, armes, marchandises de contrefaçon, risques de pollutions et d'accidents maritimes, etc.) et de participer depuis la mer aux opérations de maintien ou de rétablissement de la paix dans les régions où les intérêts de la nation et le droit national et international sont menacés.
- *Une organisation :* Pour assurer ces services au profit des citoyens, la marine doit, comme une entreprise, disposer d'une organisation du travail opérationnelle, réactive et efficace, qui s'appuie sur des équipements performants, des chaînes d'approvisionnement et d'achats sûres, une administration souple. Même si elle n'est pas directement une priorité durant les opérations, la productivité est essentielle et doit toujours progresser afin de limiter le coût de la dépense publique consacrée à la défense et à la sécurité.
- *Des ressources humaines* , c'est à dire des hommes et des femmes qualifiés et motivés qu'il faut fédérer autour de la mission de défense et de sécurité qui leur est confiée, en développant leur fierté d'appartenance, une éthique forte, des rapports sociaux et professionnels harmonieux inscrits dans le cadre exigeant de la discipline, des

conditions de travail modernes et confortables, une gestion des carrières juste et valorisante.
- *Des finances* maîtrisées et contrôlées dans le cadre de la dépense publique, le but n'étant pas de gagner de l'argent contrairement à l'entreprise, mais de gérer les ressources financières *en bon père de famille* comme dans l'entreprise.

Ainsi, de nombreux points semblent rapprocher l'entreprise et les armées, à l'exception notable de la vente et de la recherche du profit financier. Cela peut conduire à dire qu'il n'y a pas lieu de distinguer sensiblement la stratégie militaire de la stratégie d'entreprise. Mais est-ce vraiment aussi simple ?

Les éléments de différenciation entre stratégie militaire et stratégie d'entreprise

Dans le débat qui oppose ceux qui pensent que la stratégie militaire peut intégralement s'appliquer à l'entreprise, et ceux qui au contraire pensent qu'elle ne le peut pas, trois thèmes méritent intérêt de mon point de vue.

La finalité de la stratégie

Le premier concerne le processus de la décision stratégique et sa *finalité*. Dans le monde militaire, le processus stratégique s'appuie sur une organisation hiérarchisée qui dépend du pouvoir politique, lequel détermine la légitimité de l'armée par les missions générales qu'il lui confie (dissuasives en temps de paix, opérationnelles en temps de crise ou de guerre). L'organisation militaire est ainsi chargée de la mise en œuvre de décisions stratégiques exogènes qui dépendent exclusivement du pouvoir politique, même si le haut commandement militaire intervient comme conseiller dans ces décisions. La finalité de la décision politique n'est pas de garantir la pérennité de l'armée en tant que telle, mais d'assurer par le meilleur moyen la défense des intérêts de la nation. Il peut choisir de le faire sans avoir recours à l'armée.

A l'inverse, dans le monde de l'entreprise, le processus stratégique s'appuie sur une organisation très souple, directement liée à un objectif purement endogène : garantir la pérennité de l'entreprise. L'entreprise ne tire ainsi sa légitimité d'aucune mission exogène et la stratégie qu'elle développe elle-même peut contribuer à engager directement sa pérennité. Il y a là en effet une différence importante entre les deux mondes.

Cependant, si le patron d'entreprise a pour objectif la pérennité de son entreprise, le décideur politique a lui pour objectif la pérennité de la nation, laquelle repose notamment sur sa capacité à défendre ses intérêts et à assurer sa sécurité. Et, sans sécurité, il n'y a pas de prospérité pour les entreprises. Plus qu'une interrogation sur l'application de la stratégie, c'est à mon avis un débat philosophique majeur qu'il faut engager, les motivations de survie de la nation et celles de l'entreprise ne se situant à l'évidence pas à la même échelle, sauf à assimiler la nation à une grande entreprise ! Dès lors que cette assimilation est écartée, il faut répondre aux questions suivantes: Qu'est-ce qu'une nation ? Quelles sont les motivations de sa survie ? Comment assurer cette survie dans le contexte mondial actuel et à venir ?

La territorialité de la stratégie

Le second concerne le domaine de la *territorialité stratégique*. Le territoire stratégique d'une nation comme celui d'une entreprise est défini par la zone où se situent leurs intérêts stratégiques. C'est sur ce territoire que l'une et l'autre sont appelées à agir pour assurer leur pérennité, leur survie.

Dans le cas de la nation, le tracé de ce territoire est assez clairement défini par le pouvoir politique et s'inscrit dans le cadre du droit international (liberté des mers, inviolabilité des frontières terrestres et aériennes). Dans celui de l'entreprise, l'assimilation de ce territoire au marché fait l'objet de débats non aboutis.

Pour ma part, je pense qu'il s'agit là encore d'un débat philosophique majeur. Que penser en effet du nationalisme économique alors que la mondialisation poursuit inexorablement son développement en supprimant les frontières du monde économique ? Les multinationales peuvent-elles développer des stratégies nationales ? Parallèlement, que penser d'une défense qui se cantonnerait à la protection des frontières de la nation sans s'assurer au loin de la protection de ses intérêts stratégiques (approvisionnements en matières premières, sécurité de ses concitoyens expatriés, risques économiques, écologiques, etc.) ?

J'indiquai en présentant la stratégie qu'elle était ce qui lie le tout. Il me semble de ce fait très difficile de vouloir la cantonner à des notions territoriales dans un monde désormais globalisé où la compétition entre nations et entreprises s'affranchit des frontières. Les intérêts des multinationales, comme ceux des nations, ne se cantonnent plus à quelques territoires bien définis. Ils se situent désormais dans les défis globaux de la préservation de l'environnement, de l'exploitation raisonnée et partagée des matières premières, et de la promotion d'un droit international. Entreprises et nations sont ensemble confrontées au défi non plus de leur propre pérennité, mais plus globalement de celle de la planète Océane.

La violence de la stratégie

Le troisième enfin concerne le *degré de violence* de la stratégie. Si la guerre est toujours globale, c'est à dire qu'elle joue sur tous les plans de la société humaine - politique, psychologique, philosophique, économique, social, technologique, médiatique etc.- l'économie elle aussi est globale et s'inscrit dans un cadre où se conjuguent plus ou moins harmonieusement tous ces plans. Ce cadre c'est celui de la géopolitique, de l'affrontement souvent violent entre des collectivités humaines constituées qui cherchent à s'approprier des richesses pour garantir leur survie puis à se développer.

Certes la guerre économique n'utilise pas nécessairement la violence pour atteindre ses objectifs, et de ce fait paraît moins brutale que la guerre militaire. Contrairement aux armées en guerre à qui des peuples délèguent le devoir de mourir pour la Patrie et, en contrepartie, de tuer pour la Patrie, la violence légale heureusement n'existe pas dans le monde des affaires. Cependant, la violence est présente dans le rapport économique comme dans le rapport politique, et seul le droit peut en limiter les effets dramatiques.

Synthèse de la troisième partie

Très schématiquement, une entreprise comme une armée c'est :
- un produit ou un service,
- une organisation,
- des ressources humaines, financières et matérielles.

Confrontée à une concurrence, l'entreprise comme l'armée doit développer une stratégie globale de conquête ou de survie selon le contexte dans lequel elle agit.

Si en effet les préoccupations de l'entreprise sont endogènes (sa pérennité) quand celle de l'armée sont exogènes (la pérennité de la nation), les enjeux de puissance qui déterminent le cadre de la compétition internationale ont des implications globales qui touchent indifféremment le monde de l'économie et le monde militaire. La violence est au cœur de cette compétition dont le territoire est désormais celui de la mondialisation.

La mondialisation pose la question fondamentale de la survie des nations, des entreprises et plus globalement de la planète Océane. Les intérêts des multinationales comme ceux des nations ne se cantonnent plus à quelques territoires bien définis. Ils se situent désormais dans les défis globaux de la préservation de l'environnement, de l'exploitation raisonnée et partagée des matières premières et de la promotion d'un droit international.

CONCLUSION

Au terme de cette réflexion, j'espère vous avoir convaincu que la stratégie, parce qu'elle est ce qui lie le tout, n'est ni militaire, ni économique, mais globale.

Une entreprise comme une armée doit être conçue de façon à pouvoir concentrer rapidement et simultanément l'ensemble de ses ressources pour obtenir le meilleur impact possible sur un centre de gravité lors d'un conflit ou d'une crise. Pour une entreprise comme pour une armée, la stratégie nécessite donc une organisation et une allocation de ressources humaines, financières et matérielles, c'est à dire un investissement qui s'inscrit sur le long terme. Mais, plus encore que l'allocation de ressources, la stratégie suppose des dirigeants une vision claire et volontaire dont l'ascendant moral s'imposera naturellement s'ils savent mettre en pratique les deux maximes suivantes :

- *«Il faut d'abord savoir ce que l'on veut; il faut ensuite avoir le courage de le dire; il faut enfin avoir l'énergie de le faire»*. Georges Clemenceau,
- *«Celui qui a un pourquoi vivre, supporte presque n'importe quel comment vivre»*. Nietzsche.

Ils devront aussi maîtriser l'enseignement de Maslow qui, dans sa célèbre pyramide, schématise avec talent le cheminement existentiel de la nature humaine. Pour atteindre le haut de cette pyramide, l'homme doit satisfaire l'ensemble de ses besoins de survie, de sécurité, d'appartenance et d'estime de soi pour atteindre le degré suprême de la réalisation de soi.

Ainsi, le stratège doit savoir ce qu'il veut, le dire, le faire et conduire ses troupes en leur proposant un pourquoi vivre qui leur permettra de se réaliser. Il doit pour cela veiller à la satisfaction de leurs besoins vitaux, assurer leur sécurité, encourager leur sentiment d'appartenance collective et d'estime de soi. Leader charismatique, il doit gagner la confiance et l'estime de ses troupes par une pratique intelligente de l'autorité et de la discipline.

Il doit également connaître ses forces et ses faiblesses, celles de ses adversaires, identifier les menaces et les opportunités du contexte dans lequel il agit, manier habilement le secret et la surprise pour placer son adversaire sur la défensive, maîtriser le temps pour préserver sa liberté d'action, en fuyant la routine et les rythmes stressant, être informé de tout pour garder l'initiative et concentrer ses forces au bon moment et au bon endroit, sans hésiter alors à agir avec brutalité s'il le faut, économiser ses ressources le reste du temps tout en occupant le terrain par des actions concrètes et la communication.

Chef militaire ou chef d'entreprise, il doit prendre le temps d'analyser la finalité de sa mission avant de chercher à élaborer des modes d'action. Il doit user de son intelligence pour voir loin, se concentrer pour obtenir les renseignements d'importance critique au plus tôt. Son objectif est de gagner la guerre et non une seule bataille. Il doit constamment avoir en tête le moyen et long terme, l'objectif stratégique défini par un centre de gravité à atteindre afin d'éviter qu'une action tactique à court terme perturbe le plan d'ensemble. Il doit réfléchir dans le calme, prendre de la hauteur pour voir loin *avoir la volonté de gravir sur la montagne ou dans la mâture pour voir d'où l'ennemi arrive,* analyser le terrain, prédire la météorologie, connaître les siens et son adversaire, leurs psychologies, leurs modes de vie et d'action, leurs ressorts culturels, etc.

Le stratège est bien celui qui sait pratiquer l'*art subtil qui consiste à conjuguer en permanence de nombreux paramètres internes et externes en vue de faire aboutir un projet commun, projet reposant sur des valeurs partagées qu'il convient de promouvoir et de défendre afin d'assurer la pérennité du groupe.*

TRADITION

« **Tradition et modernité** »
Texte proposé en novembre 2012 à la lettre de réflexion « Prospectives marine »

—

Pour Paul Valéry, « *La tradition et le progrès sont deux ennemis du genre humain.* » Cette vision négative du progrès comme de la tradition, et d'un rapport antinomique entre *tradition* et *modernité* berce la culture dite occidentale qui considère l'histoire comme une succession de conflits entre le passé et le présent, vision quelque peu manichéenne que ne partagent pas d'autres communautés de notre humanité, en Asie, en Afrique, en Océanie ou en Amérique du sud. Rien ne permet en effet d'affirmer que la conception *occidentale* de l'histoire est plus objectivement conforme à la réalité des choses que la conception que s'en font d'autres sociétés.

Dans le monde issu des cultures *occidentales* (gréco-latine, anglo-saxonne et judéo-chrétienne), *anciens* et *modernes* peinent depuis l'antiquité à trouver le juste équilibre entre le besoin de s'appuyer sur des rites, des coutumes, des usages et des règles de *conscience collective* pour la plupart entretenues au fil des générations, et celui de les faire évoluer au fil du développement du savoir humain, savoir qui dès lors qu'il est partagé ne cesse de progresser et entraîne notre humanité vers toujours plus de diversité et de complexité, bousculant les *traditions*. Ce mouvement est remarquablement résumé dans cette pensée du théologien jésuite Pierre Teilhard de Chardin : « *C'est une chose terrible d'être né, c'est à dire de se trouver irrévocablement emporté, sans l'avoir voulu, dans un torrent d'énergie formidable qui paraît vouloir détruire tout ce qu'il entraîne en lui.* »

Issue du latin *traditio, tradere*, c'est à dire de *trans* (à travers) et *dare* (donner, faire passer à un autre, remettre), la tradition désigne la transmission continue, consacrée par une pratique prolongée au sein d'un groupe social plus ou moins restreint (de la famille à la tribu, du clan à la nation), d'un contenu culturel, matériel ou immatériel à travers l'histoire depuis un événement fondateur ou un passé immémorial. Elle est une *conscience collective*, source de ce qui doit être transmis, entretenu et enrichi pour assurer et maintenir l'harmonie du groupe. Le *traditionalisme*, qui représente une volonté de retour à des valeurs traditionnelles, est une vision particulière de la tradition qui conduit le plus souvent à s'opposer au modernisme.

L'usage du terme *modernus* (de modo qui signifie récemment, contemporain) apparaît pour la première fois en latin peu de temps avant le début de notre ère. Il recouvre plusieurs acceptions :
- philosophique, la modernité vise à imposer la raison et le bonheur comme normes premières d'une société ;
- sociologique, la modernité est la possibilité de changer les règles de la vie sociale traditionnelle pour plus de liberté humaine ;
- historique, la modernité est associée aux *Temps Modernes* dont la datation fait l'objet de débats non aboutis.
Qu'elle que soit son acception, philosophique, sociologique ou historique, la modernité se veut en rupture avec ce qui précède, notamment les traditions.

Si en première analyse le lien entre la tradition et la modernité semble bien être résolument antinomique, il est en fait beaucoup plus complexe qu'il n'y parait. Des traditions anciennes et orales ont en effet au fil du temps donné naissance à des traditions modernes et écrites, se jouant des époques, voire des frontières. Dans cette quête de repères *traditionnels* notre humanité n'a jamais cessé de vouloir trouver des réponses à ce qui fonde son existence : Comment concevoir l'idée du commencement ? Celle du néant ? De l'infini ? De l'origine et du sens de l'existence humaine ? De la vie et de la mort ?

Au fil des siècles les religions ont apporté des réponses à ces interrogations en invitant leurs fidèles à croire au divin, source de vie et de providence. Du christianisme au bouddhisme, de l'hindouisme au taoïsme, du judaïsme à l'islam, du protestantisme au manichéisme, du polythéisme aux sectes, du shintô au zen, au tantrisme, au jinisme, au sikhisme, au mazdéisme, au zoroastrisme, des orthodoxes aux mayas et aux aztèques, et à tous les syncrétismes d'Afrique, d'Asie, d'Océanie, d'Amérique, toutes ces quêtes religieuses ont été, voire sont encore dans plusieurs régions du monde, vécues comme source unique du tissu social des communautés de croyants qui les pratiquent avec foi.

Cependant, dans le monde dit occidental, notamment dans celui issu du siècle des lumières qui s'écoule du milieu du 17e à la fin du 18e siècle, la religion a peu à peu cédé la place, vers la fin du 19e siècle, à une vision laïque de l'existence humaine. La déclaration des droits de l'homme et du citoyen, la sécularisation de la vie publique et le progrès continue des sciences ont bouleversé l'ordre du tissu social hérité des siècles précédents. L'Etat, l'église, l'école, la justice, la politique, les sciences et les arts se sont entrechoqués pour repousser l'idée d'un monde divin, surnaturel, au profit de celle d'un cosmos rationnel, scientifiquement démontrable.

Emportés dans ce vaste mouvement qu'ils ont en conscience provoqué, les êtres humains, en particulier ceux du monde occidental, ont poussé très loin le concept des libertés individuelles, tout en confiant aux élus du peuple le soin d'établir les lois de la vie publique, collective. Les sociétés qui se sont ainsi créées se sont progressivement métissées, faisant coexister sur un même territoire des hommes et des femmes de croyances religieuses, philosophiques, politiques et culturelles très diverses. Le socle commun de la vie collective n'y est plus fondé sur des textes sacrés, religieux, il l'est sur des textes dits *législatifs* : constitutions, lois et décrets. Pour autant, de nombreuses *traditions* nationales, régionales ou locales perdurent et s'expriment à travers des langages et des rituels, que ce soit au sein de communautés professionnelles ou culturelles. La *culture d'entreprise* comme celle *des terroirs* sont plus que jamais au cœur du besoin de reconnaissance et de fierté d'appartenance des individus au sein de collectifs partagés.

Aujourd'hui, la numérisation et la mondialisation de l'économie et de l'information sont les deux ruptures majeures qui bousculent notre humanité. En moins de 50 ans, ce qui est une nanoseconde à l'échelle de l'histoire humaine, notre monde s'est planétarisé et numérisé, bousculant notre rapport au temps, à l'espace, aux autres humains, au monde du travail comme à celui des loisirs et de la culture. Désormais *tous dans la même galère*, reliés plus ou moins virtuellement les uns aux autres par les réseaux sociaux d'Internet, ayant accès à l'information et à la connaissance via de puissants moteurs de recherche, pouvant échanger en quelques secondes des données scientifiques, culturelles ou monétaires via les réseaux numériques, nous parler en direct d'un bout à l'autre de la planète à n'importe quelle heure du jour ou de la nuit via les satellites et les câbles sous-marins, nous rendre à l'autre bout de la planète en quelques heures de vol en avion et assurer nos échanges commerciaux via les conteneurs sillonnant les océans devenus autoroutes de l'économie mondiale, ils nous faut nous adapter à un monde globalisé, celui de *l'instantanéité plurielle*. Nous vivons sans en avoir pleine conscience une révolution aussi importante que celle de l'imprimerie et de la révolution Copernicienne à la sortie du Moyen Âge, période de 200 ans de l'histoire humaine (1450-1650) symboliquement appelée Renaissance !

En ce début de millénaire, grâce au numérique, notre humanité franchi un nouveau degré de liberté. Elle prend conscience de sa complexité, de sa fragilité, mais aussi de sa solidarité, et perçoit un peu plus distinctement encore combien l'incertitude et la diversité sont ses principales caractéristiques. Dans un monde fluide, complexe, multiple, il lui faut pouvoir dessiner des projets, mobiliser des volontés et des talents, communiquer, dialoguer, rassurer tout en ne dissimulant pas les risques et les menaces, mais aussi les opportunités de cette évolution. Terre, mer et espace sont de plus en plus reliés, l'homme prenant chaque jour un peu plus conscience de l'incroyable diversité de l'univers dans lequel il vit. Il lui reste tant à découvrir sur Mars comme dans les profondeurs océanes ! Chaque fois qu'elle relève le défi de la connaissance partagée, notre humanité progresse en liberté. A elle de savoir faire de cette liberté et de cette connaissance des sources de solidarité en privilégiant les forces de l'intelligence et de l'amour sur celles de la compétition et de la confrontation. Là est le véritable enjeu du progrès numérique, outil parmi d'autre de la mondialisation de notre humanité.

Acceptons l'inéluctable mouvement de la vie et son incertitude, vivons la révolution numérique et la mondialisation comme un fantastique moment de progrès humain, osons en faire des forces de progrès, réinventons grâce à eux nos rapports au temps, aux distances, aux autres, au travail, aux arts, aux sciences, aux loisirs. Après tout, mondialisation et numérisation ne sont que des mouvements causés par nous les humains. Alors gardons en le contrôle humain, et pour sortir de l'antinomie qui trop souvent s'installe entre tradition et modernité retenons cette parole d'André Comte Sponville : « *La tradition, c'est le choix des expériences les meilleures.* » Refusons notamment tous les rituels qui font offense à la dignité, à la liberté et à l'égalité de tous les êtres humains. C'est là un enjeu de civilisation.

Je voudrais terminer cette réflexion en citant Tenzin Gyatso, quatorzième et actuel Dalaï Lama : « *La meilleure croyance, religieuse, philosophique ou culturelle,* (la meilleure tradition) *est celle qui fait de toi une meilleure personne, c'est-à-dire qu'elle te rend plus sensible, plus détaché, plus aimable, plus responsable, plus respectueux d'autrui, car ce qui est important c'est la façon dont tu agis envers les autres, ta famille, tes collègues de travail, ta communauté, et tous ceux que tu rencontres. L'univers est l'écho de tes actions et de tes pensées. La loi de l'action et de la réaction n'est pas exclusive de la physique ; elle s'applique aussi à nos relations humaines en sorte que si tu agis avec bonté, tu reçois de la bonté, si tu agis avec méchanceté, tu reçois de la méchanceté : tu recevras toujours ce que tu souhaites aux autres et fais aux autres. Etre heureux n'est pas une affaire de destin. C'est une affaire de choix, d'éthique personnelle.* »

Politique
aux éditions L'Harmattan

Dernières parutions

TRIPLES A DE LA BIO-ÉCONOMIE
Efficacité, sobriété et diversité de la croissance verte
Le CLUB des Bio-économistes, ouvrage coordonné par Claude Roy
Dans cinquante ans tout au plus, ce qui fonde notre civilisation et notre confort sera menacé de rareté (eau, alimentation, énergie...) ou de dérèglement (climat). Or face à ces menaces, les ressources renouvelables de la terre, des forêts, et les hommes qui les cultivent et les valorisent, détiennent une part cruciale des réponses. Comment ? Ces réflexions nous livrent un exceptionnel concentré de développement durable, riche de données et de synthèses, pour voir loin et large, et pour assumer l'avenir avec cohérence.
(Coll. Développement durable, 30.50 euros, 294 p.)
ISBN : 978-2-296-99739-4, ISBN EBOOK : 978-2-296-51161-3

RENOUVEAU DU NUCLÉAIRE APRÈS FUKUSHIMA
Monfort Julie, Du Castel Viviane
L'énergie nucléaire, controversée suite à l'accident de la centrale nucléaire de Fukushima, revient sur le devant de la scène, tant ses avantages supplantent les risques potentiels. La raréfaction des hydrocarbures, les incertitudes géopolitiques, la volatilité des prix amènent une conjoncture qui favorise l'énergie nucléaire à usage civil.
(Coll. Géoéconomie et Géofinance, 22.00 euros, 224 p.)
ISBN : 978-2-296-99797-4, ISBN EBOOK : 978-2-296-51185-9

ÉTAT-PROVIDENCE ET LES JEUNES
Chevalier Tom - Préface de Bruno Palier
La jeunesse est de plus en plus présente au cœur des préoccupations publiques. En témoignent l'insistance du président François Hollande à se présenter comme le président de la jeunesse et sa proposition d'une allocation d'autonomie. Cet ouvrage compare les deux périodes où la question de la mise en place de cette allocation a été discutée, et explique comment la politique familiale a été privilégiée, aux dépens de ce type de prestation favorisant l'indépendance des jeunes.
(Coll. Inter-National, 19.00 euros, 194 p.)
ISBN : 978-2-296-99741-7, ISBN EBOOK : 978-2-296-51137-8

SAUVER LA SÉCURITÉ SOCIALE – Question de générations
Peraldi Olivier, Jeger François
Près de 70 ans après sa naissance, faut-il sauver la Sécu ? Retraites de plus en plus coûteuses, car de plus en plus longues, nouvelles pathologies, mais aussi nouveaux enjeux tels le renoncement aux soins et la pénurie des médecins... La Sécurité sociale concentre toutes les interrogations sur le modèle de société

laissé aux générations suivantes, semant le doute chez les jeunes quant à la solidarité intergénérationnelle.
(15.50 euros, 148 p.)
ISBN : 978-2-336-00184-5, ISBN EBOOK : 978-2-296-51089-0

MONTÉE DE L'EXTRÊME DROITE EN FRANCE – Le cas du département de la Somme (CD inclus)
Nkunzumwami Emmanuel
Le présent ouvrage présente et analyse les évolutions de la sociologie électorale en France au cours du quinquennat de Nicolas Sarkozy. L'auteur apporte ici un éclairage sur les évolutions comparées des formations politiques engagées sur le terrain des batailles électorales. Le lecteur pourra ainsi suivre les évolutions du paysage électoral dans les communes, les cantons et les circonscriptions, ainsi que l'implantation de plus en plus forte de l'extrême droite dans le département de la Somme.
(31.00 euros, 264 p.)
ISBN : 978-2-336-00576-8, ISBN EBOOK : 978-2-296-51106-4

BELLES-MÈRES (LES) ET LA POLITIQUE
Réguer-Petit Manon - Préface de Florence Haegel
Plus d'un million d'enfants mineurs vivent aujourd'hui dans une famille recomposée. Mêlant des approches quantitatives et qualitatives, ce livre explore pour la première fois l'impact de la beau-parentalité sur les systèmes de valeurs des femmes et le rôle des belles-mères dans la transmission de valeurs et de préférences politiques.
(Coll. Inter-National, 19.00 euros, 188 p.)
ISBN : 978-2-336-00330-6, ISBN EBOOK : 978-2-296-51096-8

CHUTE (LA) DE LA SARKOZYE – Chronique de la fin d'un quinquennat
Debbasch Charles
Avec ce livre, Charles Debbasch achève l'analyse de la société française et internationale durant le mandat de Nicolas Sarkozy. Il livre ses réflexions sur les mutations de la France dans la période charnière marquée par la campagne présidentielle et l'échec de Sarkozy : cette chronique aidera à mieux comprendre les lignes de force de la France contemporaine.
(33.00 euros, 328 p.)
ISBN : 978-2-296-99743-1, ISBN EBOOK : 978-2-296-51111-8

QUE RESTE-T-IL DU SOCIALISME ?
Tarondeau Jean-Claude
Cet ouvrage retrace l'histoire de l'utopie qui, au XIXe siècle, donne naissance au socialisme et décrit les principales expériences qui ont été menées en son nom. Les expériences socialistes limitées comme celle des Acadiens ont disparu rapidement, les plus grandes ont engendré des dictatures qui se sont effondrées comme en URSS ou qui ont renoncé au socialisme comme en Chine. Il montre enfin comment le socialisme d'aujourd'hui s'adapte aux réalités et rejette les utopies qui l'ont fait naître.
(Coll. Questions contemporaines, 18.50 euros, 190 p.)
ISBN : 978-2-336-00547-8, ISBN EBOOK : 978-2-296-50753-1

INTERNATIONALE (L') DE L'INTELLIGENCE
Pour une mondialisation éclairée !
Guyot Gilles - Préface de Francine Demichel
«Si l'on veut que la mondialisation ne soit pas pilotée selon les impératifs financiers, il est temps que se développe l'internationalisation des savoirs.» L'«internationale de l'intelligence» est la solution aux dérives actuelles de la mondialisation et l'enseignement supérieur français, très dynamique dans ce domaine, a une carte à jouer pour le plus grand bien de notre pays.
(22.00 euros, 232 p.) ISBN : 978-2-336-00557-7, ISBN EBOOK : 978-2-296-50757-9

DOUZE (LES) TRAVAUX D'HERCULE DU NOUVEAU PRÉSIDENT
Sous la direction de Hubert Lévy-Lambert et Laurent Daniel
Ce livre explique les enjeux qui sous-tendent les décisions politiques attendues du nouveau Président. Il est orienté vers la recherche d'une réduction rapide du déficit public et du déficit extérieur. Les lecteurs y trouveront matière à réflexion sur certains choix stratégiques comme le recrutement de nouveaux fonctionnaires, le retour de la retraite à 60 ans, l'encadrement des loyers ou l'abandon de la TVA «sociale». La plupart des auteurs sont membres de «X Sursaut», regroupant plusieurs centaines de polytechniciens.
(Coll. Questions contemporaines, 24.00 euros, 234 p.)
ISBN : 978-2-296-99503-1, ISBN EBOOK : 978-2-296-50726-5

CADRE (LE) JURIDIQUE DE LA CAMPAGNE PRÉSIDENTIELLE
Sous la direction de Jordane Arlettaz et Séverine Nicot
Les campagnes présidentielles font-elles l'objet d'un traitement juridique particulier, en réponse à l'enjeu politique et citoyen des élections qu'elles précèdent ? Le cadre normatif est-il adapté aux campagnes présidentielles ? Le droit de la campagne est-il un droit dérogatoire ? Le candidat est-il un sujet de droit comme les autres ?
(Coll. Questions contemporaines, 18.00 euros, 178 p.)
ISBN : 978-2-296-96303-0, ISBN EBOOK : 978-2-296-50766-1

UN HOMME ÉLÉGANT – Quarante mois auprès de Jacques Chirac
Lugan Benoît
Entre 1998 et 2001, Benoît Lugan fut l'un des aides de camp du Président de la République Jacques Chirac. Alors au contact permanent de celui-ci, il a pu en observer les principaux traits de caractère. Rigoureux et inquiet, attentif et courtois, pudique et généreux, courageux et sensuel, doué d'un remarquable sens tactique et d'une prodigieuse mémoire, et enfin tout à la fois fataliste et opiniâtre : ainsi est décrit, au travers de nombreux événements vécus, le tempérament de l'ancien chef de l'État.
(13.50 euros, 118 p.) ISBN : 978-2-296-96301-6, ISBN EBOOK : 978-2-296-50641-1

RÉCONCILIER DÉMOCRATIE ET GESTION
Brilman Jean
Sur la base d'une vulgarisation synthétique de sources incontestables (rapports de la Cour des comptes, de l'Inspection des finances, du FMI, etc.) l'auteur met en évidence les dérives économiques et sociologiques de la démocratie contemporaine à l'origine de la dette française. L'étroit chemin qui permettrait de

stabiliser la dette sans trop dégrader la croissance passe par un assouplissement monétaire et une politique économique visant à restaurer la compétitivité, une réduction du nombre excessif des collectivités publiques.
(Coll. Questions contemporaines, 26.00 euros, 252 p.)
ISBN : 978-2-296-99715-8, ISBN EBOOK : 978-2-296-50668-8

RGPP ET RÉFORME DES COLLECTIVITÉS TERRITORIALES
Sous la direction de Jean-Claude Nemery
La RGPP (Révision Générale des Politiques Publiques) est un programme en cours d'une grande portée pour la réforme de l'État français, dont un aspect clé réside dans la refondation de l'État «territorial». Quel est l'impact de la RGPP sur l'administration territoriale de l'État et quelle est son incidence sur les collectivités locales ?
(Coll. Grale, 28.00 euros, 272 p.)
ISBN : 978-2-336-00149-4, ISBN EBOOK : 978-2-296-50638-1

RÉGIONS (LES) FRANÇAISES AU MILIEU DU GUÉ
Plaidoyer pour accéder à l'autre rive
Bénéteau Alain, Mallet Louis, Catlla Michel - Préface de Michel Rocard
2012, la région a trente ans. La dernière-née des collectivités territoriales a-t-elle trouvé sa place dans le système institutionnel français et répondu aux attentes de ses créateurs ? Si l'institution régionale est pleinement entrée dans le paysage politique français, les difficultés et les contradictions qui ont accompagné sa naissance ne l'ont pas quittée. La région est encore fragile, et donc pas encore stabilisée.
(Coll. Questions contemporaines, 18.50 euros, 186 p.)
ISBN : 978-2-336-00293-4, ISBN EBOOK : 978-2-296-50650-3

MISSIONS D'OBSERVATION DES ÉLECTIONS
Ndoumou Fabien Désiré
L'essor des missions d'observation des élections est lié à la vague démocratique des années 1980 et 1990, qui a entraîné nombre d'États totalitaires à adopter les principes de la démocratie représentative. Elles ont connu un succès mitigé, l'espoir placé en elles s'est effrité. Plusieurs raisons à cela : les divergences de vue, les difficultés de terrain et le paternalisme lié au statut même de l'observateur. Quelle réflexion face à cette situation ?
(Coll. Défense, Stratégie et Relations Internationales, 46.00 euros, 450 p.)
ISBN : 978-2-296-96565-2, ISBN EBOOK : 978-2-296-50544-5

GUIDE DE SURVEILLANCE ET D'OBSERVATION DES ÉLECTIONS
Ewangui Céphas Germain – Préface d'Henri Bouka
Conduire avec succès les processus électoraux est une condition *sine qua non* pour la légitimité des dirigeants et les institutions de tout État qui se veut démocratique. Cependant, réussir ce pari exige non seulement l'engagement et l'enthousiasme des parties prenantes, mais aussi le savoir, la maîtrise des mécanismes pour conduire à la fois les élections et les missions d'observation électorale.
(Coll. Harmattan Congo, 10.00 euros, 58 p.)
ISBN : 978-2-296-99673-1, ISBN EBOOK : 978-2-296-50708-1

L'Harmattan, Italia
Via Degli Artisti 15; 10124 Torino

L'Harmattan Hongrie
Könyvesbolt ; Kossuth L. u. 14-16
1053 Budapest

Espace L'Harmattan Kinshasa
Faculté des Sciences sociales,
politiques et administratives
BP243, KIN XI
Université de Kinshasa

L'Harmattan Congo
67, av. E. P. Lumumba
Bât. – Congo Pharmacie (Bib. Nat.)
BP2874 Brazzaville
harmattan.congo@yahoo.fr

L'Harmattan Guinée
Almamya Rue KA 028, en face du restaurant Le Cèdre
OKB agency BP 3470 Conakry
(00224) 60 20 85 08
harmattanguinee@yahoo.fr

L'Harmattan Cameroun
BP 11486
Face à la SNI, immeuble Don Bosco
Yaoundé
(00237) 99 76 61 66
harmattancam@yahoo.fr

L'Harmattan Côte d'Ivoire
Résidence Karl / cité des arts
Abidjan-Cocody 03 BP 1588 Abidjan 03
(00225) 05 77 87 31
etien_nda@yahoo.fr

L'Harmattan Mauritanie
Espace El Kettab du livre francophone
N° 472 avenue du Palais des Congrès
BP 316 Nouakchott
(00222) 63 25 980

L'Harmattan Sénégal
« Villa Rose », rue de Diourbel X G, Point E
BP 45034 Dakar FANN
(00221) 33 825 98 58 / 77 242 25 08
senharmattan@gmail.com

L'Harmattan Togo
1771, Bd du 13 janvier
BP 414 Lomé
Tél : 00 228 2201792
gerry@taama.net

646736 - Mars 2016
Achevé d'imprimer par